I0567512

BESTACTIVITYBOOKS.COM

PRIMA EDIZIONE 2022

Illustrazione Grafica Extra: www.freepik.com
Grazie a Alekksall, Starline, Pch.vector, Rawpixel.com, Vectorpocket, Dgim-studio, Upklyak, Macrovector, Stockgiu, Pikisuperstar & Freepik.com Designers

5 CONSIGLI PER INIZIARE

1) COME RISOLVERE LE PAROLE INTRECCIATTE

I puzzle hanno un formato classico:

- Le parole sono nascoste senza spazi o trattini,...
- Orientamento: Le parole possono essere scritte in avanti, indietro, verso l'alto, verso il basso o in diagonale (possono essere invertite).
- Le parole possono sovrapporsi o intersecarsi.

2) APPRENDIMENTO ATTIVO

Accanto ad ogni parola c'è uno spazio per scrivere la traduzione. Per incoraggiare l'apprendimento attivo, un **DIZIONARIO** alla fine di questa edizione vi permetterà di controllare e ampliare le vostre conoscenze. Cerca e scrivi le traduzioni, trovale nel puzzle e aggiungile al tuo vocabolario!

3) SEGNARE LE PAROLE

Puoi inventare il tuo sistema di segni. Forse ne usi già uno? Per esempio, puoi segnare le parole difficili da trovare con una croce, le parole preferite con una stella, le parole nuove con un triangolo, le parole rare con un diamante, e così via.

4) STRUTTURARE L'APPRENDIMENTO

Questa edizione offre un **TACCUINO** alla fine del libro. In vacanza, in viaggio o a casa, puoi organizzare facilmente le tue nuove conoscenze senza bisogno di un secondo quaderno!

5) AVETE FINITO TUTTE LE GRIGLIE?

Nelle ultime pagine di questo libro, nella sezione della **SFIDA FINALE**, troverete un gioco gratuito!

Facile e veloce! Dai un'occhiata alla nostra collezione di libri di attività per il tuo prossimo momento di divertimento e **apprendimento,** a portata di clic!

Trova la tua prossima sfida su:

BestActivityBooks.com/MioProssimoLibro

Ai vostri posti, pronti...Via!

Sapevi che ci sono circa 7.000 lingue diverse nel mondo? Le parole sono preziose.

Amiamo le lingue e abbiamo lavorato duramente per creare libri di altissima qualità. I nostri ingredienti?

Una selezione di argomenti adatti all'apprendimento, tre buone porzioni di intrattenimento, una cucchiaiata di parole difficili e una spolverata di parole rare. Li serviamo con amore e entusiasmo in modo che tu possa risolvere i migliori giochi di parole e divertirti imparando!

La vostra opinione è essenziale. Puoi partecipare attivamente al successo di questo libro lasciandoci un commento. Ci piacerebbe sapere cosa ti è piaciuto di più di questa edizione.

Ecco un link veloce alla pagina dell'ordine:

BestBooksActivity.com/Recensione50

Grazie per il vostro aiuto e buon divertimento!

Tutta la squadra

1 - Salute e Benessere #2

T	R	S	M	H	D	Y	W	N	F	K	U	O	O	S
E	R	U	D	P	Y	W	F	M	L	A	S	A	I	A
R	U	M	O	B	F	G	P	N	K	L	P	J	T	I
V	O	E	K	K	N	J	I	I	P	O	H	E	K	R
E	A	S	R	U	A	D	J	E	D	R	P	V	E	A
V	N	T	U	R	V	H	E	O	N	I	A	P	F	A
I	S	I	O	K	V	A	A	S	G	I	B	V	N	L
T	U	V	K	A	U	T	U	L	H	T	A	A	I	A
A	L	A	A	M	U	N	Q	S	U	A	R	I	A	S
M	A	R	V	I	C	O	V	E	R	I	N	M	V	C
I	T	G	A	A	G	R	J	Z	S	G	I	O	O	V
I	U	J	L	A	Q	E	Q	E	G	R	D	T	A	O
N	S	Y	I	R	T	I	F	Q	D	E	U	A	J	O
I	A	M	O	N	V	H	H	C	O	N	N	N	C	O
A	L	L	E	R	G	I	A	V	U	E	Q	A	C	D

ALLERGIA
ANATOMIA
RUOKAHALU
KALORI
KEHO
RUOKAVALIO
RUOANSULATUS
KUVAUS
ENERGIA
HYGIENIA
INFEKTIO
SAIRAUS
HIERONTA
RAVITSEMUS
SAIRAALA
PAINO
VERI
TERVE
VITAMIINI

2 - Aggettivi #2

A	D	S	U	O	L	A	I	N	E	N	K	D	A	K
P	R	Z	K	U	I	V	A	H	R	I	U	P	I	Q
C	A	F	M	S	C	P	E	P	E	Q	U	U	T	Y
T	M	B	T	U	O	T	T	A	V	A	L	H	O	Q
M	A	L	U	A	Q	M	R	V	J	E	U	D	F	S
J	A	G	T	V	B	Y	P	H	S	K	I	A	C	B
Y	T	P	U	U	J	R	E	A	G	A	S	S	F	P
L	T	J	H	K	N	Z	I	V	V	M	A	T	C	L
P	I	A	L	U	O	N	N	O	L	L	I	N	E	N
E	N	V	B	H	W	K	N	O	R	M	A	A	L	I
Ä	E	O	V	Q	A	N	U	T	D	Q	B	C	V	Y
Q	N	U	J	Y	W	D	M	U	E	M	Y	M	P	U
N	Ä	L	K	Ä	I	N	E	N	M	R	M	J	U	U
T	Y	Y	L	I	K	Ä	S	N	H	A	V	H	B	S
V	A	S	T	U	U	L	L	I	N	E	N	E	J	I

NÄLKÄINEN
KUIVA
AITO
KUUMA
LUOVA
KUVAUS
MAKEA
DRAMAATTINEN
TYYLIKÄS
KUULUISA

VAHVA
LUONNOLLINEN
NORMAALI
UUSI
YLPEÄ
TUOTTAVA
PUHDAS
VASTUULLINEN
SUOLAINEN
TERVE

3 - Ingegneria

S	M	R	I	Q	J	C	C	Z	D	N	M	I	S	R
P	Y	I	A	I	G	R	E	N	E	V	S	T	H	V
R	H	V	T	K	H	D	S	U	H	Q	C	A	T	A
O	A	K	Y	T	E	W	D	Y	W	F	T	Y	V	H
P	L	F	C	Y	A	N	E	J	A	K	E	L	U	V
U	K	K	Y	I	S	U	T	Q	C	N	F	J	D	U
L	A	O	F	L	A	D	S	A	V	E	S	U	J	U
S	I	C	R	E	O	C	E	M	M	N	D	H	K	S
I	S	C	J	S	W	T	N	V	A	I	P	S	O	R
O	I	V	A	K	A	U	S	K	D	M	N	L	N	A
T	J	K	A	A	V	I	O	U	Q	E	D	E	E	K
R	A	V	A	I	H	D	E	L	B	K	P	S	N	E
E	W	B	P	B	B	A	N	M	E	S	B	E	H	N
I	R	N	O	O	S	L	H	A	A	A	Y	I	S	N
K	M	O	O	T	T	O	R	I	D	L	R	D	I	E

KULMA
AKSELI
LASKEMINEN
RAKENTAMINEN
KAAVIO
HALKAISIJA
DIESEL
JAKELU
ENERGIA
VAHVUUS

VAIHDE
NESTE
KONE
MITTAUS
MOOTTORI
SYVYYS
PROPULSIO
KIERTO
VAKAUS
RAKENNE

4 - Archeologia

Y	K	H	W	J	T	V	O	B	J	E	K	T	I	T
J	Ä	Ä	N	N	E	J	O	I	U	T	Y	F	J	I
S	I	V	I	L	I	S	A	A	T	I	O	O	D	I
M	A	J	I	K	T	U	T	U	T	L	A	S	Q	M
A	U	S	Ä	W	Z	A	H	B	E	E	I	S	W	I
I	Z	I	I	L	S	K	Y	V	D	P	K	I	A	R
E	D	S	N	A	K	B	L	V	H	P	A	I	A	O
L	P	G	I	A	N	E	Z	G	O	M	K	L	N	S
O	B	F	K	L	I	T	L	H	N	E	A	I	A	S
E	F	P	I	Z	G	N	U	Ä	U	T	U	U	L	E
G	Z	K	I	I	W	E	E	N	I	S	S	O	Y	F
M	Y	S	T	E	E	R	I	N	T	N	I	G	Y	O
H	I	T	N	I	O	I	V	R	A	I	E	F	S	R
N	O	T	A	M	E	T	N	U	T	G	J	N	I	P
J	Y	C	M	O	M	I	H	A	U	T	A	A	K	W

ANALYYSI
ANTIIKIN
MUINAINEN
SIVILISAATIO
UNOHDETTU
JÄLKELÄINEN
AIKAKAUSI
ASIANTUNTIJA
FOSSIILI
MYSTEERI
OBJEKTI
LUUT
PROFESSORI
JÄÄNNE
TUTKIJA
TUNTEMATON
TIIMI
TEMPPELI
HAUTA
ARVIOINTI

5 - Salute e Benessere #1

R	S	F	S	P	N	L	R	E	F	L	E	K	S	I
W	E	Y	L	S	Ä	Ä	L	Ä	Ä	K	Ä	R	I	T
R	D	N	W	C	L	Ä	O	K	Z	H	J	U	Y	H
J	M	Q	T	A	K	K	I	N	I	L	K	C	Z	Y
O	K	V	L	O	Ä	E	K	O	R	K	E	U	S	R
A	K	J	U	T	U	B	A	K	T	E	E	R	I	T
L	K	J	N	I	E	T	I	Y	I	P	D	I	M	V
I	T	T	W	O	U	C	U	O	D	M	S	N	H	J
H	E	Z	I	H	Z	Y	A	M	U	T	R	U	M	O
A	R	J	T	I	L	U	U	T	I	S	L	H	A	S
K	A	N	Q	N	V	U	M	O	O	N	I	H	V	P
S	P	A	S	S	Z	I	S	M	K	A	E	K	I	Q
E	I	J	P	C	W	K	N	R	V	Q	Y	N	R	N
T	A	P	E	S	I	K	K	E	E	T	P	A	U	I
T	O	T	T	U	M	U	S	H	N	R	I	N	S	W

TOTTUMUS
KORKEUS
AKTIIVINEN
BAKTEERIT
KLINIKKA
NÄLKÄ
APTEEKKI
MURTUMA
LÄÄKE
LÄÄKÄRI
LIHAKSET
HERMOT
LUUT
IHO
RYHTI
REFLEKSI
RENTOUTUMINEN
TERAPIA
HOITO
VIRUS

6 - Aggettivi #1

E	W	F	Y	C	M	S	L	P	S	K	L	Z	U	I
H	P	S	A	K	O	V	R	A	T	G	S	M	M	A
D	Y	A	D	C	D	U	B	S	D	N	O	B	L	Q
O	L	D	T	N	E	N	I	L	L	E	D	Y	Ä	T
T	T	I	S	I	R	U	U	S	V	R	L	J	D	T
O	O	H	G	A	N	K	G	C	P	F	U	Y	S	Ä
N	I	N	E	N	I	T	T	N	E	D	I	O	Y	R
T	A	I	T	E	E	L	L	I	N	E	N	N	V	K
K	S	I	T	O	S	K	E	R	K	A	T	U	Ä	E
E	A	T	S	I	V	Q	F	T	A	I	V	O	K	Ä
U	T	U	W	T	I	C	S	Z	N	S	Q	R	T	C
R	E	H	E	L	L	I	N	E	N	A	K	I	I	E
A	R	O	M	A	A	T	T	I	N	E	N	A	P	M
V	A	L	T	A	V	A	K	G	W	G	R	D	S	M
R	W	Y	A	A	K	T	I	I	V	I	N	E	N	B

AROMAATTINEN
TAITEELLINEN
EHDOTON
AKTIIVINEN
VALTAVA
EKSOTISK
ANTELIAS
NUORI
SUURI
IDENTTINEN
TÄRKEÄ
HIDAS
PITKÄ
MODERNI
REHELLINEN
TÄYDELLINEN
RASKAS
ARVOKAS
SYVÄ
OHUT

7 - Geologia

C	D	T	S	W	S	K	O	R	A	L	L	I	M	S
P	R	S	L	S	G	I	P	F	S	V	T	V	Q	T
O	G	Y	V	W	E	U	P	O	O	O	A	I	S	A
K	Y	C	S	H	V	K	A	J	N	L	S	K	K	L
V	I	K	A	T	J	Q	H	C	A	C	A	G	E	A
A	O	L	G	N	A	C	C	N	A	A	N	C	R	C
R	G	K	K	E	G	L	I	I	M	N	K	Y	R	T
T	P	N	K	M	Y	T	J	L	P	O	O	A	O	I
S	G	P	P	T	B	S	R	A	L	A	V	A	S	T
I	E	N	G	V	M	S	I	A	H	Q	B	G	L	E
H	N	E	B	N	P	J	P	R	S	E	H	S	U	W
E	R	O	O	S	I	O	Q	E	O	U	F	I	O	Q
I	D	C	J	C	V	D	F	N	M	O	O	Z	L	A
S	O	G	E	O	R	J	E	I	V	T	T	L	A	R
F	O	S	S	I	I	L	I	M	U	I	S	L	A	K

HAPPO
TASANKO
KALSIUM
LUOLA
MAANOSA
KORALLI
CRYSTAL
EROOSIO
FOSSIILI
GEYSIR
LAVA
MINERAALI
KIVI
KVARTSI
SUOLA
STALACTITE
KERROS
VOLCANO

8 - Campeggio

S	E	I	K	K	A	I	L	U	G	K	J	T	G	E
K	A	R	T	T	A	K	Z	D	A	U	I	U	E	L
H	Y	Ö	N	T	E	I	N	E	N	U	C	K	V	Ä
R	M	E	T	S	Ä	I	K	K	Ö	M	I	T	S	I
I	A	H	J	Ä	R	V	I	A	Z	B	Q	O	Y	M
I	A	C	A	T	T	L	E	T	N	S	A	P	T	E
P	D	L	C	U	T	T	A	H	K	O	K	A	S	T
P	H	W	U	A	S	C	F	W	K	T	O	A	Ä	L
U	S	I	V	H	B	K	R	V	R	N	Q	T	S	K
M	P	Q	J	W	Z	Y	A	K	B	O	D	N	T	C
A	N	V	U	O	R	I	B	A	U	U	Q	A	E	I
T	Q	A	B	L	J	M	E	L	Y	L	U	K	M	S
T	H	R	K	O	M	P	A	S	S	I	P	S	R	Y
O	I	Y	C	L	J	O	E	F	T	D	V	U	Z	Ö
T	N	M	K	D	V	S	H	L	H	Z	U	J	U	K

PUU
RIIPPUMATTO
ELÄIMET
SEIKKAILU
KOMPASSI
MÖKKI
METSÄSTYS
KANOOTTI
HATTU
KÖYSI
HAUSKAA
METSÄ
ANTAA POTKUT
HYÖNTEINEN
JÄRVI
KUU
KARTTA
VUORI
LUONTO
TELTTA

9 - Arti Visive

V	E	I	S	T	O	S	O	M	L	N	L	D	K	V
A	Q	W	P	Z	Y	H	V	D	W	J	Y	S	O	A
M	E	S	T	A	R	I	T	E	O	S	I	S	O	L
J	D	V	Z	P	G	R	V	U	O	O	J	A	S	O
I	Y	B	W	D	A	F	H	Y	A	N	Y	V	T	K
N	E	Y	M	F	S	R	G	I	J	A	K	I	U	U
M	A	A	L	A	U	S	A	B	I	K	Y	I	M	V
B	Z	I	C	V	N	B	U	F	L	K	N	R	U	A
M	U	O	T	O	K	U	V	A	I	I	Ä	Y	S	L
N	Ä	K	Ö	K	U	L	M	A	E	I	Ä	Y	I	U
L	L	E	L	O	K	U	V	A	T	M	N	H	M	O
J	A	C	S	Q	W	T	F	J	I	A	Y	I	T	V
D	H	K	M	M	U	I	Y	G	A	R	K	T	K	U
D	S	P	K	M	T	I	R	P	T	E	D	Q	A	U
A	T	V	I	A	F	L	T	Q	W	K	P	F	I	S

SAVI
TAITEILIJA
MESTARITEOS
PARAFIINI
KERAMIIKKA
KOOSTUMUS
LUOVUUS
ELOKUVA
VALOKUVA
LIITU
LYIJYKYNÄ
KYNÄ
MAALAUS
NÄKÖKULMA
MUOTOKUVA
VEISTOS
LAKKA

10 - Tempo

K	A	P	Q	I	A	K	I	T	T	U	U	N	I	M
E	K	J	C	Q	U	E	S	U	E	C	R	E	V	V
S	F	E	E	K	A	L	U	L	Y	M	N	M	U	I
K	N	E	L	I	E	L	A	E	P	G	L	M	O	I
I	D	Ä	O	L	Ä	O	K	V	U	E	Ö	Y	S	K
P	H	K	Ä	S	V	Z	U	A	S	N	W	K	I	K
Ä	T	U	N	N	I	N	U	I	J	N	I	I	S	O
I	D	R	A	G	Ä	W	K	S	Ä	E	G	S	A	K
V	L	O	R	H	P	T	A	U	L	N	H	O	T	U
Ä	H	E	T	K	I	A	E	U	K	A	K	U	A	E
G	F	Z	Q	K	K	M	F	S	E	V	A	V	C	P
K	A	L	E	N	T	E	R	I	E	U	U	M	L	I
I	V	Y	V	Y	Y	W	N	J	N	B	F	O	U	A
F	D	C	M	O	J	Z	Q	R	Q	N	V	A	S	N
M	A	D	I	F	A	M	I	B	Q	W	W	W	Y	I

VUOSI
KALENTERI
VUOSIKYMMEN
JÄLKEEN
TULEVAISUUS
PÄIVÄ
EILEN
AAMU
KUUKAUSI
KESKIPÄIVÄ
MINUUTTI
HETKI
YÖ
TÄNÄÄN
TUNNIN
KELLO
PIAN
ENNEN
VUOSISATA
VIIKKO

11 - Astronomia

M	M	K	A	U	K	O	P	U	T	K	I	O	T	Z
A	E	A	V	O	N	R	E	P	U	S	I	B	A	O
M	Z	T	A	K	O	S	M	O	S	M	D	S	I	D
I	H	E	E	G	O	R	A	M	Y	O	I	E	V	I
O	A	B	J	O	E	Y	B	V	L	R	O	R	A	A
V	F	Y	I	G	R	Z	C	M	I	T	R	V	A	K
O	F	R	Z	T	I	I	N	Q	E	A	E	A	L	K
N	Y	A	O	B	H	B	S	C	T	T	T	T	L	I
I	S	K	A	L	A	G	U	J	Ä	Y	S	O	I	K
A	N	E	T	P	F	M	T	P	S	B	A	R	N	S
P	Ö	T	S	I	D	H	Ä	T	Z	D	S	I	E	U
U	I	T	U	T	U	L	E	T	K	U	U	O	N	M
G	Q	I	I	V	D	J	E	V	N	D	Ø	G	N	U
A	S	T	R	O	N	A	U	T	T	I	O	B	W	C
N	B	I	A	P	L	A	N	E	E	T	T	A	U	S

ASTEROIDI
ASTRONAUTTI
TAIVAALLINEN
TAIVAS
KOSMOS
TÄHDISTÖ
JEVNDØGN
GALAKSI
PAINOVOIMA
KUU
METEORI
SUMU
OBSERVATORIO
PLANEETTA
SÄTEILY
RAKETTI
SUPERNOVA
KAUKOPUTKI
MAA
ZODIAKKI

12 - Algebra

J	V	D	R	T	D	P	Y	G	W	B	J	S	P	M
Z	F	Ä	I	N	Ä	O	B	U	O	B	U	F	S	G
A	T	V	Ä	G	R	M	O	J	Y	O	A	O	I	O
N	Ö	T	E	R	Ä	Ä	R	A	T	K	A	I	S	U
O	L	T	L	P	Ä	P	E	S	K	A	J	V	I	O
Y	Ä	S	E	I	M	J	M	E	A	J	U	A	I	N
N	T	I	E	K	N	O	U	V	A	J	T	A	R	G
I	H	Q	P	J	I	E	N	S	V	U	T	K	T	E
F	Y	W	F	N	A	J	A	W	A	R	U	G	A	L
E	R	D	Y	U	W	J	Ä	A	M	M	U	S	M	M
V	Ä	H	E	N	N	Y	S	D	R	B	M	Z	V	A
P	A	R	E	N	T	E	S	O	O	I	N	L	S	L
K	R	J	G	Z	V	T	C	P	O	E	N	I	A	L
I	I	I	T	T	N	E	N	O	P	S	K	E	U	O
A	A	R	Y	K	D	R	S	T	G	A	E	G	N	N

KAAVIO
JAKO
YHTÄLÖ
EKSPONENTTI
VÄÄRÄ
TEKIJÄ
KAAVA
JAE
ÄÄRETÖN
LINEAARINEN
MATRIISI
NUMERO
PARENTES
ONGELMA
MÄÄRÄ
RATKAISU
SUMMA
VÄHENNYS
MUUTTUJA
NOLLA

13 - Mitologia

O	S	N	B	E	I	P	Q	O	W	A	H	O	L	K
S	A	A	A	W	N	A	I	C	U	D	A	L	U	U
K	O	I	L	U	K	K	O	N	E	N	K	E	O	L
O	O	T	J	A	W	I	D	E	P	E	A	N	M	T
S	C	T	U	N	M	T	Z	N	Y	G	T	T	I	T
T	O	N	Z	R	G	A	P	I	T	E	A	O	N	U
O	Ö	I	V	R	I	H	B	A	E	L	S	E	E	U
V	G	R	V	A	J	R	W	V	K	E	T	M	N	R
V	N	Y	U	S	H	C	V	E	R	B	R	A	K	I
U	B	B	R	Z	W	V	Q	L	A	A	O	A	A	T
I	R	A	K	N	A	S	U	O	I	O	F	G	T	A
O	M	L	Z	C	O	T	T	U	G	W	I	I	E	I
E	T	E	S	K	U	M	O	K	S	U	V	N	U	V
J	U	M	A	L	A	T	Y	Z	L	E	M	E	S	A
C	U	G	B	R	N	T	Y	C	C	C	R	N	E	S

ARKETYPE
OLENTO
LUOMINEN
USKOMUKSET
KULTTUURI
KATASTROFI
JUMALAT
SANKARI
VAHVUUS
SALAMA
KATEUS
SOTURI
LABYRINTTI
LEGENDA
MAAGINEN
KUOLEVAINEN
HIRVIÖ
TAIVAS
UKKONEN
KOSTO

14 - Piante

M	Y	Q	Q	O	P	L	L	A	N	N	O	I	T	E
U	B	U	U	P	J	E	O	G	E	Z	P	T	G	F
R	P	A	B	F	H	H	I	R	N	U	J	C	N	Z
A	C	J	M	U	L	T	K	A	U	L	R	P	T	I
T	M	R	K	B	S	I	R	E	R	A	S	I	U	S
T	K	A	Y	A	U	E	P	U	S	K	A	Y	P	U
I	A	M	Y	P	S	N	O	I	W	K	K	J	A	T
T	S	U	S	B	E	V	E	K	R	U	K	L	P	K
H	V	E	B	O	H	Y	I	R	Z	K	B	A	H	A
E	A	P	A	J	H	Q	O	T	S	I	V	S	A	K
L	A	U	V	U	N	L	R	U	I	M	E	T	S	Ä
Ä	A	V	U	U	Q	K	Q	T	H	E	L	H	B	O
R	O	J	O	R	S	A	M	M	A	L	D	B	O	T
E	T	C	E	I	R	U	O	H	O	P	Z	E	P	I
T	U	W	L	P	U	U	T	A	R	H	A	N	W	C

PUU
MARJA
BAMBU
KASVITIEDE
KAKTUS
PUSKA
KASVAA
MURATTI
RUOHO
PAPU

LANNOITE
KUKKA
KASVISTO
LEHTIEN
METSÄ
PUUTARHA
SAMMAL
TERÄLEHTI
JUURI

15 - Spezie

L	F	Y	Y	F	M	J	P	V	Y	T	M	D	R	C
A	K	E	D	Q	A	B	L	I	L	E	N	A	K	W
K	G	U	N	L	K	P	Z	R	P	Z	I	C	S	H
R	G	I	M	K	U	O	I	E	K	P	L	I	J	M
I	M	E	T	I	O	M	E	T	A	P	U	I	B	A
T	L	A	T	W	N	L	B	N	R	A	P	R	J	K
S	C	A	N	I	S	A	I	A	D	P	I	Ä	I	E
I	Q	G	S	S	P	L	S	I	E	R	S	Ä	D	A
R	P	J	F	Y	R	M	I	R	M	I	O	V	N	L
K	A	T	K	E	R	A	P	O	U	K	K	I	S	O
E	U	W	O	J	G	F	U	K	M	A	L	K	D	U
K	U	R	K	U	M	A	L	F	M	K	A	N	F	S
V	A	N	I	L	J	A	I	G	A	I	V	I	S	K
M	A	U	S	T	E	S	A	H	R	A	M	I	I	T
Q	S	G	F	L	D	V	K	E	C	U	R	R	Y	F

VALKOSIPULI
KATKERA
ANIS
KANELI
KARDEMUMMA
SIPULI
KORIANTERI
KUMINA
KURKUMA
CURRY
MAKEA
FENKOLI
MAKU
LAKRITSI
PAPRIKA
PIPPURI
SUOLA
VANILJA
MAUSTESAHRAMI
INKIVÄÄRI

16 - Numeri

D	K	N	K	M	Y	T	W	E	S	K	N	I	U	F
Z	A	E	Y	A	T	H	E	Z	M	O	E	L	U	A
A	K	L	M	T	T	A	D	D	W	L	L	Z	I	T
T	S	J	M	E	P	S	E	E	Q	M	J	Y	K	S
S	I	Ä	E	M	N	Q	I	G	K	E	Ä	J	A	I
I	T	T	N	A	A	W	F	O	N	S	T	Q	K	O
O	O	O	E	T	O	R	F	N	T	O	Ä	N	S	T
T	I	I	N	I	K	U	U	S	I	E	L	N	I	I
I	S	S	S	I	A	M	E	O	S	U	M	W	G	S
S	T	T	D	K	K	N	H	U	K	A	G	L	O	U
I	A	A	A	K	A	L	D	D	Y	L	Q	N	O	U
I	A	Z	N	A	S	E	I	T	S	E	M	Ä	N	K
V	I	I	S	I	L	A	A	M	I	S	E	D	V	N
K	A	K	S	I	K	Y	M	M	E	N	T	Ä	K	S
K	A	H	D	E	K	S	A	N	N	O	L	L	A	J

VIISI
DESIMAALI
KYMMENEN
KAKSITOISTA
KAKSI
MATEMATIIKKA
YHDEKSÄN
KAHDEKSAN
NELJÄTOISTA
NELJÄ
VIISITOISTA
KUUSITOISTA
KUUSI
SEITSEMÄN
KOLME
KOLMETOISTA
YKSI
KAKSIKYMMENTÄ
NOLLA

17 - Cioccolato

S	S	H	O	V	Z	K	Q	M	U	F	E	K	M	K
Y	O	N	H	E	R	W	K	V	A	T	K	A	A	A
Ö	K	J	Q	E	L	G	K	A	P	Ä	S	L	K	T
D	E	G	F	T	S	C	S	K	U	N	O	O	E	K
Ä	R	K	A	R	A	M	E	L	L	I	T	R	A	E
E	I	T	T	Ø	N	S	O	K	O	K	I	I	T	R
I	J	L	W	M	M	P	I	B	K	H	S	K	T	A
M	A	K	U	T	A	A	L	D	A	Ä	K	K	V	H
O	G	W	N	F	L	V	S	G	A	P	Y	I	P	A
L	M	O	N	I	O	S	U	P	K	A	B	S	O	R
W	C	I	T	P	E	S	E	R	A	A	U	O	U	O
J	A	U	H	E	W	J	P	P	O	M	C	U	L	M
A	I	N	E	S	O	S	A	N	L	J	M	S	Y	I
H	E	R	K	U	L	L	I	N	E	N	U	O	Y	B
A	R	T	I	S	A	N	A	L	M	J	H	E	L	Q

KATKERA
MAAPÄHKINÄT
AROMI
ARTISANAL
HIMO
KAAKAO
KALORI
KARAMELLI
HERKULLINEN
MAKEA
EKSOTISK
MAKU
AINESOSA
SYÖDÄ
KOKOSNØTT
JAUHE
SUOSIKKI
LAATU
RESEPTI
SOKERI

18 - Immigrazione

V	Q	I	O	P	J	V	U	A	U	H	H	B	H	K
A	I	L	G	Y	O	M	P	I	P	E	A	R	Y	L
C	S	E	L	U	Y	F	S	K	O	Q	L	S	V	T
P	S	I	S	O	P	N	E	U	U	R	L	D	Ä	B
D	E	K	A	T	U	C	E	I	L	A	I	D	K	G
A	S	I	N	K	I	F	R	S	E	H	N	R	S	G
Y	O	B	K	L	I	N	I	E	T	O	T	R	Y	G
O	R	L	A	K	I	R	T	T	T	I	O	W	N	K
Z	P	D	L	M	Q	G	J	Ä	O	T	R	P	T	V
T	A	K	A	R	A	J	A	A	V	U	P	A	Ä	U
L	A	P	S	E	T	R	A	L	U	S	W	P	J	S
O	H	I	K	M	S	U	O	J	E	L	U	K	B	A
A	S	U	M	I	N	E	N	E	N	N	A	L	I	T
C	V	S	T	R	E	S	S	I	K	A	M	E	F	D
R	A	T	K	A	I	S	U	C	A	K	Z	Q	O	I

AIKUISET
ASUMINEN
HALLINTO
HYVÄKSYNTÄ
LAPSET
VIESTINTÄ
ASIAKIRJA
RAHOITUS
RAJA
LAKI
KIELI
PROSESSI
SUOJELU
TAKARAJA
TILANNE
RATKAISU
STRESSI
NEUVOTTELU
UPSEERI

19 - Guida

J	P	O	L	T	T	O	A	I	N	E	A	L	B	M
A	R	A	A	V	B	G	M	B	B	B	I	V	Q	I
L	N	T	K	A	R	T	T	A	T	M	U	J	P	Z
A	O	L	U	N	T	E	A	M	U	G	K	S	I	S
N	P	C	K	N	U	T	L	H	R	K	A	O	S	Q
K	E	D	P	A	N	T	I	E	V	N	U	N	S	I
U	U	R	T	I	A	E	C	M	A	L	J	N	N	H
L	S	P	H	R	Q	S	L	A	L	I	A	E	E	P
K	H	Y	B	O	O	U	U	I	L	I	R	T	S	O
I	L	L	A	T	O	T	U	A	I	K	R	T	I	L
J	R	H	W	T	T	E	Z	Q	S	E	U	O	L	I
A	R	R	D	O	U	J	C	O	U	N	T	M	S	I
B	A	R	I	O	A	L	B	I	U	N	E	U	S	S
M	C	I	N	M	B	U	C	S	S	E	J	U	H	I
E	P	U	W	A	V	K	N	Y	C	I	D	S	F	D

AUTO
BUSSI
POLTTOAINE
JARRUT
AUTOTALLI
KAASU
ONNETTOMUUS
LISENSSI
KARTTA
MOOTTORI
JALANKULKIJA
VAARA
POLIISI
TURVALLISUUS
TIE
LIIKENNE
KULJETUS
TUNNELI
NOPEUS

20 - I Media

V	A	Y	T	G	V	T	J	I	H	Y	L	I	M	D
E	S	N	E	N	I	L	L	A	P	U	A	K	Y	I
R	E	I	T	H	E	L	A	M	O	N	A	S	Z	G
K	N	H	P	O	S	U	T	I	O	H	A	R	I	I
O	T	F	Q	I	T	A	V	U	K	F	E	Z	O	T
S	E	S	I	H	I	N	E	N	I	K	L	U	J	A
S	E	R	R	Y	N	Z	U	V	E	R	K	K	O	A
A	T	K	A	F	T	T	T	S	N	G	M	P	Y	L
A	S	M	Z	D	Ä	B	Q	Y	U	M	F	A	K	I
Ä	L	Y	L	L	I	N	E	N	R	A	W	I	S	N
T	E	L	E	V	I	S	I	O	A	Z	L	N	I	E
G	B	V	Q	B	V	V	O	F	D	W	B	O	L	N
I	N	D	U	S	T	R	I	Z	I	N	H	S	Ö	A
Q	Y	O	S	U	T	U	L	U	O	K	M	S	L	V
P	A	I	K	A	L	L	I	N	E	N	I	L	H	O

ASENTEET
KAUPALLINEN
VIESTINTÄ
DIGITAALINEN
PAINOS
KOULUTUS
FAKTA
RAHOITUS
KUVAT
SANOMALEHTI
YKSILÖ
INDUSTRI
ÄLYLLINEN
PAIKALLINEN
VERKOSSA
LAUSUNTO
JULKINEN
RADIO
VERKKO
TELEVISIO

21 - Forza e Gravità

A	L	T	Z	E	K	Y	D	H	D	R	P	V	P	L
C	I	N	E	N	I	M	A	A	N	Y	D	A	A	I
B	J	K	P	Ö	T	Y	Ö	L	P	Z	I	I	I	I
Z	W	S	A	T	K	L	K	Z	H	G	M	K	N	K
S	W	Y	Z	S	A	N	Y	A	Z	B	S	U	O	E
K	G	Y	D	I	T	K	I	O	Z	U	I	T	N	K
Ä	T	S	I	E	L	Y	K	A	R	S	T	U	O	E
I	P	I	V	T	I	F	W	I	F	U	E	S	P	S
I	W	Ä	R	N	B	Y	Y	T	I	N	N	K	E	K
Q	G	T	Z	I	H	S	K	H	L	N	G	V	U	U
F	S	E	W	I	S	I	S	U	E	E	A	V	S	S
J	R	I	C	K	A	I	F	A	S	J	M	K	T	T
P	A	I	N	E	P	K	K	V	K	A	Z	F	E	A
K	J	E	Q	O	I	K	B	B	A	A	M	I	T	M
G	E	I	E	H	E	A	F	H	S	L	L	D	Q	C

AKSELI
KITKA
KESKUSTA
DYNAAMINEN
ETÄISYYS
LAAJENNUS
FYSIIKKA
VAIKUTUS
MAGNETISMI
MEKANIIKKA
LIIKE
PAINO
PAINE
KIINTEISTÖ
LÖYTÖ
VAUHTI
AIKA
YLEISTÄ
NOPEUS

22 - Sport

M	A	K	S	I	M	O	I	D	A	V	L	B	G	F
V	T	P	Y	Ö	R	Ä	I	L	Y	K	Y	K	T	N
A	A	J	A	T	N	E	M	L	A	V	V	W	S	O
H	N	O	K	T	Q	A	J	I	L	I	E	H	R	U
V	S	T	E	E	R	D	M	U	N	A	L	Z	T	K
U	S	O	H	S	J	I	N	W	I	J	N	B	O	E
U	I	I	O	K	O	O	T	E	R	V	E	Y	S	S
S	T	L	R	A	Z	M	N	U	C	N	M	V	R	T
R	N	A	S	H	M	L	T	D	U	C	N	C	Y	Ä
T	A	V	O	I	T	E	F	Z	N	L	Y	W	D	V
V	D	A	L	L	K	J	U	R	H	E	I	L	U	Y
Y	Ä	K	K	L	Ö	H	M	Q	D	J	V	U	N	Y
F	B	O	P	Q	M	O	Y	B	E	G	J	F	E	S
H	S	U	M	E	S	T	I	V	A	R	Z	U	V	Q
N	J	R	B	W	S	Y	D	Ä	N	E	B	R	L	I

VALMENTAJA
URHEILIJA
KYKY
SYDÄN
PYÖRÄILY
KEHO
TANSSIT
RUOKAVALIO
VAHVUUS
HÖLKKÄ

MAKSIMOIDA
LIHAKSET
RAVITSEMUS
TAVOITE
LUUT
OHJELMOIDA
KESTÄVYYS
TERVEYS
URHEILU

23 - Uccelli

Q	P	R	N	P	H	L	D	G	I	O	A	Q	R	W
K	Ä	K	I	E	A	O	N	A	N	K	K	A	I	L
H	J	H	N	L	A	N	U	M	R	P	I	J	I	T
A	O	A	A	I	K	S	T	R	U	T	S	I	K	H
U	U	I	A	K	T	Y	W	Y	K	P	L	A	I	A
K	T	K	K	A	O	U	Y	C	C	Y	J	K	N	N
K	S	A	U	A	K	S	L	H	P	B	H	U	K	H
A	E	R	O	N	P	O	N	V	K	G	W	P	U	I
C	N	A	T	I	A	K	R	A	R	Y	A	A	K	K
F	L	A	M	I	N	G	O	R	L	A	N	P	K	K
I	N	I	I	V	G	N	I	P	Q	M	L	E	O	O
R	H	T	P	P	W	M	I	U	Q	V	O	E	N	L
P	Ö	L	L	Ö	A	H	E	N	H	R	E	Z	S	C
W	N	B	Y	P	W	F	G	E	O	T	P	L	C	I
K	A	N	A	Z	C	R	K	N	K	Z	I	K	E	A

ANKKA
KOTKA
HAIKARA
JOUTSEN
KÄKI
HAUKKA
FLAMINGO
LOKKI
PÖLLÖ
HANHI
PAPUKAIJA
VARPUNEN
RIIKINKUKKO
PELIKAANI
KYYHKYNEN
PINGVIINI
KANA
STRUTSI
TOUKAANIN
MUNA

24 - Giorni e Mesi

M	L	K	A	L	E	N	T	E	R	I	N	Y	M	E
S	A	A	K	E	S	K	I	V	I	I	K	K	O	L
Y	L	A	U	U	K	S	A	R	R	A	M	Q	L	O
Y	Q	R	N	A	J	Z	J	O	M	W	M	W	O	K
S	T	L	K	A	N	I	S	O	U	V	M	B	K	U
K	J	R	M	K	N	T	I	O	U	N	Z	C	A	U
U	N	U	K	I	W	T	A	S	K	L	V	L	K	V
U	U	K	Ä	S	E	K	A	I	Ä	V	U	M	U	T
U	U	K	I	T	H	U	H	I	N	I	T	K	U	P
K	S	U	N	N	U	N	T	A	I	I	I	M	U	P
I	K	U	U	K	A	U	S	I	E	K	I	O	J	U
M	U	F	W	A	M	D	G	G	H	K	S	F	F	Z
L	P	E	R	J	A	N	T	A	I	O	T	O	P	O
E	T	A	M	M	I	K	U	U	S	F	A	I	A	H
H	P	H	T	T	L	E	R	I	C	M	I	R	D	N

ELOKUU
VUOSI
HUHTIKUU
KALENTERI
JOULUKUU
SUNNUNTAI
HELMIKUU
TAMMIKUU
KESÄKUU
HEINÄKUU
MAANANTAI
TIISTAI
KESKIVIIKKO
KUUKAUSI
MARRASKUU
LOKAKUU
LAUANTAI
SYYSKUU
VIIKKO
PERJANTAI

25 - Casa

Z	V	F	G	N	R	B	E	V	H	I	K	H	C	D
B	K	A	U	Y	S	J	Z	B	M	U	M	U	Y	I
O	D	Z	U	H	E	O	Z	S	O	K	U	O	N	I
T	G	D	H	G	B	A	V	O	E	H	I	N	V	I
L	A	U	T	O	T	A	L	L	I	I	L	E	P	K
J	T	I	H	O	K	K	A	L	L	U	N	T	U	K
M	I	V	O	Y	E	H	A	R	G	S	D	Ä	U	U
Y	A	U	O	R	I	H	A	N	A	K	K	A	T	N
O	T	T	A	K	T	L	N	Ø	K	L	E	R	A	A
Q	U	N	T	F	T	D	I	D	T	V	H	A	R	I
M	U	A	R	O	I	K	Z	E	N	O	W	A	H	T
G	L	T	B	G	Ö	K	Z	G	P	Q	Q	H	A	T
K	I	R	J	A	S	T	O	H	U	O	T	P	G	A
A	P	A	K	D	S	O	A	J	S	B	C	P	P	L
P	P	B	R	P	T	Y	L	A	M	P	P	U	H	B

ULLAKKO
KIRJASTO
HUONE
TAKKA
NØKLER
KEITTIÖ
SUIHKU
IKKUNA
AUTOTALLI
PUUTARHA
LAMPPU
SEINÄ
LATTIA
OVI
AITA
HANA
LUUTA
PEILI
MATTO
KATTO

26 - Ristorante #1

S	U	E	U	T	Y	N	R	N	A	P	K	D	A	D
N	N	O	B	A	I	G	R	E	L	L	A	D	I	L
Z	C	O	Y	R	K	A	H	V	I	Y	N	Q	N	M
L	I	H	A	J	L	F	N	G	D	G	A	O	E	Z
N	C	L	K	O	A	K	O	U	R	I	K	L	Ä	J
E	T	U	O	I	V	B	B	E	I	L	E	M	D	B
V	Q	K	U	L	D	E	F	M	O	E	I	A	Ö	B
V	A	C	R	I	K	K	I	A	L	I	T	U	Y	O
W	A	R	Y	J	I	I	J	T	H	P	T	S	S	P
T	Z	L	A	A	Q	T	I	R	S	Ä	I	T	Z	C
F	S	Z	I	U	B	S	O	Q	Q	I	Ö	E	N	F
V	D	Q	M	K	S	A	Q	S	O	W	W	I	S	B
Q	Q	V	M	L	K	K	G	V	D	S	I	N	H	V
F	L	G	S	J	V	O	G	A	L	Y	V	E	L	Z
L	A	U	T	A	S	L	I	I	N	A	M	N	A	K

ALLERGIA
KAHVI
TARJOILIJA
LIHA
RUOKA
KULHO
VEITSI
KEITTIÖ
JÄLKIRUOKA
AINE
SYÖDÄ
VALIKKO
LEIPÄ
LEVY
MAUSTEINEN
KANA
VARAUS
KASTIKE
LAUTASLIINA

27 - Fantascienza

G	K	I	R	J	A	T	W	S	O	Ä	D	R	R	T
O	A	I	P	O	T	U	A	K	R	Ä	Y	O	E	B
I	H	L	Y	Z	L	K	T	E	A	R	S	M	A	J
S	H	R	A	Q	D	S	T	N	A	I	T	A	L	Q
U	A	V	U	K	O	L	E	A	K	M	O	A	I	T
U	S	L	R	K	S	C	E	A	K	M	P	N	S	M
L	H	W	A	W	C	I	N	R	E	Ä	I	E	T	A
L	A	I	F	P	W	O	A	I	L	I	A	J	I	A
I	L	O	J	Q	E	K	L	O	I	N	M	A	N	I
I	T	T	O	B	O	R	P	H	U	E	V	J	E	L
T	S	Y	D	H	Ä	J	Ä	R	C	N	N	R	N	M
D	R	N	E	N	I	T	S	I	R	U	T	U	F	A
P	N	E	N	I	T	S	A	T	N	A	F	Q	W	K
T	E	K	N	O	L	O	G	I	A	E	E	Y	S	T
L	Q	T	U	K	T	O	P	A	A	T	N	A	T	I

ELOKUVA
DYSTOPIA
RÄJÄHDYS
ÄÄRIMMÄINEN
FANTASTINEN
ANTAA POTKUT
FUTURISTINEN
GALAKSI
ILLUUSIO
KIRJAT
SALAPERÄINEN
MAAILMA
ORAAKKELI
PLANEETTA
REALISTINEN
ROBOTTI
ROMAANEJA
SKENAARIO
TEKNOLOGIA
UTOPIA

28 - Città

Y	L	I	O	P	I	S	T	O	K	S	M	D	K	M
E	L	O	K	U	V	A	I	D	A	T	J	J	L	A
L	A	P	T	E	E	K	K	I	U	A	O	I	K	R
T	U	I	S	Y	Y	P	K	S	P	D	Q	Q	W	K
W	E	F	R	D	N	H	N	U	P	I	W	R	Z	K
R	Z	A	T	B	Q	F	A	P	A	O	K	E	G	I
W	O	A	T	H	I	B	P	E	E	N	Q	K	W	N
H	M	L	L	T	A	A	I	R	E	L	L	A	G	A
J	O	O	M	L	E	V	B	M	M	U	S	E	O	E
P	P	T	O	Y	E	R	N	A	K	O	U	L	U	R
D	I	N	E	E	B	W	I	R	O	R	C	W	K	H
C	E	I	I	L	S	D	A	K	K	I	N	I	L	K
M	L	V	K	B	L	A	A	E	L	W	S	V	M	G
V	K	A	H	R	N	I	O	T	S	A	J	R	I	K
K	I	R	J	A	K	A	U	P	P	A	J	O	L	K

LUFTHAVN
PANKKI
KIRJASTO
ELOKUVA
KLINIKKA
APTEEKKI
GALLERIA
HOTELLI
KIRJAKAUPPA
MARKKINA
MUSEO
KAUPPA
LEIPOMO
RAVINTOLA
KOULU
STADION
SUPERMARKET
TEATTERI
YLIOPISTO

29 - Fattoria #1

W	Q	V	S	U	O	L	A	T	A	A	M	H	N	S
J	W	K	J	R	Z	I	A	K	I	S	V	U	C	I
I	Z	E	T	R	U	M	L	N	P	Z	E	N	N	E
H	E	I	N	Ä	B	U	F	H	N	W	S	A	R	M
D	D	N	M	K	V	U	O	H	I	O	I	J	I	E
A	K	C	O	E	O	C	W	A	V	S	I	A	Q	N
L	E	H	M	Ä	H	I	J	W	R	T	S	T	T	E
K	E	N	T	T	Ä	I	R	S	A	N	A	K	E	T
T	R	I	I	S	I	F	L	A	P	P	A	R	V	Z
R	H	B	T	F	Y	S	T	Ä	C	E	K	Y	A	M
W	M	Z	S	N	W	A	H	W	I	T	P	T	S	A
B	L	P	H	I	N	P	J	D	R	N	R	G	I	R
H	E	V	O	N	E	N	G	D	W	W	E	I	K	U
M	B	I	J	U	R	H	G	C	A	V	U	N	K	R
A	I	T	A	S	S	I	K	Q	L	W	W	Y	A	U

VESI
MAATALOUS
MEHILÄINEN
AASI
KENTTÄ
KOIRA
VUOHI
HEVONEN
LANNOITE
HEINÄ
KISSA
PARVI
SIKA
HUNAJA
LEHMÄ
KANA
AITA
RIISI
SIEMENET
VASIKKA

30 - Paesaggi

T	T	T	R	S	J	J	V	P	U	C	H	M	S	W
E	J	T	I	D	J	Ä	K	P	N	O	V	L	A	G
T	V	G	S	R	O	R	L	M	K	G	B	T	A	G
C	J	W	Y	M	N	V	U	J	Ä	Ö	C	V	R	I
C	I	M	E	R	I	I	U	S	Z	K	K	Y	I	L
Z	S	V	G	R	Y	V	K	N	F	K	I	K	O	J
O	S	H	C	V	B	M	E	S	D	I	R	J	K	Z
N	A	I	S	S	A	D	I	E	K	T	O	N	K	L
A	A	O	A	D	T	L	K	Y	W	Ä	U	N	I	A
C	N	A	R	D	N	U	T	H	B	Ä	V	Z	V	A
L	R	J	F	M	A	R	B	A	T	J	F	G	A	K
O	U	A	P	I	R	L	Y	I	M	B	T	V	A	S
V	E	S	I	P	U	T	O	U	S	E	V	V	K	O
N	I	E	M	I	M	A	A	U	K	C	R	K	V	U
J	Ä	Ä	V	U	O	R	I	D	L	Q	R	I	Z	S

VESIPUTOUS
MÄKI
AAVIKKO
JOKI
GEYSIR
JÄÄTIKKÖ
LUOLA
JÄÄVUORI
SAARI
JÄRVI

MERI
VUORI
KEIDAS
VALTAMERI
SUO
NIEMIMAA
RANTA
TUNDRA
LAAKSO
VOLCANO

31 - Energia

H	B	I	U	K	K	A	G	J	J	R	A	B	D	P
I	L	U	U	T	V	C	E	U	B	Q	I	P	D	U
I	L	E	S	E	I	D	K	Y	N	Ö	P	M	Ä	L
L	G	N	I	N	S	N	E	R	U	R	O	F	I	S
I	B	I	U	R	T	V	T	A	Z	W	R	J	V	Ä
A	E	A	T	R	T	U	E	V	L	Y	T	M	K	H
T	N	O	U	Z	Y	S	R	T	O	E	N	L	N	K
H	S	T	V	L	F	W	U	B	Y	I	E	A	M	Ö
Ö	I	T	A	L	R	K	D	D	I	G	T	N	O	I
Y	I	L	O	Y	O	M	Q	W	N	I	D	Y	O	N
R	N	O	U	C	V	J	T	Y	O	I	N	D	T	E
Y	I	P	V	E	W	K	O	L	T	Q	I	I	T	N
E	L	E	K	T	R	O	N	I	O	Q	S	N	O	C
Y	M	P	Ä	R	I	S	T	Ö	F	B	D	C	R	O
J	Y	M	L	V	I	Y	Q	B	Y	M	F	G	I	Y

YMPÄRISTÖ
AKKU
BENSIINI
LÄMPÖ
HIILI
POLTTOAINE
DIESEL
SÄHKÖINEN
ELEKTRONI
ENTROPIA

FOTONI
VETY
INDUSTRI
FORURENSNING
MOOTTORI
YDIN
UUSIUTUVA
TURBIINI
HÖYRY
TUULI

32 - Ristorante #2

S	U	P	P	E	K	A	L	A	S	J	H	V	W	B
H	A	A	R	U	K	K	A	Q	O	U	E	T	Z	J
Y	L	J	J	Ä	Ä	N	O	O	D	K	O	I	F	U
K	A	I	L	U	S	I	K	K	A	K	L	L	P	O
J	P	L	H	E	D	E	L	M	Ä	A	P	O	A	M
S	U	I	S	E	V	A	V	L	A	K	P	U	L	A
O	K	O	E	I	D	H	P	S	T	Z	C	T	O	L
H	L	J	H	E	R	K	U	L	L	I	N	E	N	P
D	A	R	M	A	U	S	T	E	E	T	V	H	C	Q
E	G	A	M	O	L	O	U	N	A	S	P	B	N	Q
V	F	T	U	U	I	L	L	A	L	L	I	N	E	N
M	W	D	V	K	N	V	I	H	A	N	N	E	S	Q
T	Z	M	T	D	S	A	Y	W	I	V	Y	N	Q	B
D	J	P	A	J	C	I	T	T	A	A	L	A	S	T
I	G	L	Y	F	Y	E	D	G	G	I	P	G	D	L

VESI
ALKUPALA
JUOMA
TARJOILIJA
ILLALLINEN
LUSIKKA
HERKULLINEN
HAARUKKA
HEDELMÄ
JÄÄN
SALAATTI
SUPPE
KALA
LOUNAS
SUOLA
TUOLI
MAUSTEET
KAKKU
MUNAT
VIHANNES

33 - Moda

T	M	E	U	P	O	K	B	R	O	D	E	R	I	Y
V	O	G	F	G	R	W	U	E	G	Z	H	D	C	R
A	W	G	D	W	D	A	Q	V	C	Y	G	E	O	A
Y	D	R	Q	S	S	U	K	S	I	L	L	A	K	M
I	D	E	L	C	D	H	F	T	H	O	T	T	Z	I
B	O	U	T	I	Q	U	E	C	I	F	E	U	U	T
A	F	V	H	E	E	V	Z	O	R	S	E	N	F	A
Y	Z	P	I	T	S	I	B	A	V	A	K	U	M	T
I	C	H	J	A	T	W	I	A	H	G	K	T	R	K
R	S	B	R	A	N	Y	I	M	L	N	I	S	A	B
O	U	R	T	V	Z	C	Y	B	S	A	N	O	K	O
T	Y	Y	L	I	K	Ä	S	L	H	K	I	N	E	S
S	U	U	N	T	A	U	S	U	I	W	A	E	N	Y
M	O	D	E	R	N	I	H	V	H	K	P	I	N	N
V	A	A	T	I	M	A	T	O	N	F	Q	H	E	N

VAATE
BOUTIQUE
KALLIS
MUKAVA
TYYLIKÄS
MITAT
KUVIO
MODERNI
VAATIMATON
PITSI
PRAKTISK
PAINIKKEET
BRODERI
HIENOSTUNUT
TYYLI
SUUNTAUS
KANGAS
RAKENNE

34 - Giardino

R	G	C	P	G	B	A	K	L	O	Q	O	J	J	V
P	I	H	C	Ä	O	H	O	U	R	W	Y	U	C	B
U	P	I	Y	R	P	R	O	K	K	I	M	R	U	N
U	M	N	P	E	I	A	P	L	H	K	C	W	K	A
T	A	I	U	P	J	T	D	W	A	Q	A	Z	U	U
A	L	I	P	A	U	Ä	B	H	D	P	G	V	I	T
R	W	L	U	A	K	M	I	Z	I	L	I	M	S	O
H	B	O	S	M	T	L	A	R	M	W	K	O	T	T
A	Z	P	K	H	E	E	G	T	V	Z	K	F	I	A
F	A	M	A	C	L	D	W	H	T	I	N	F	Q	L
A	A	A	A	I	J	E	K	A	R	O	E	Q	Y	L
P	T	R	I	S	L	H	A	H	M	J	P	U	D	I
U	Q	T	T	T	E	R	A	S	S	I	V	A	M	T
U	Y	A	A	E	R	I	O	Q	E	V	K	F	J	C
W	Z	G	T	W	V	E	U	G	R	E	S	S	W	K

PUU
RIIPPUMATTO
PUSKA
RUOHO
UGRESS
KUKKA
HEDELMÄTARHA
AUTOTALLI
PUUTARHA
LAPIO
PENKKI
KUISTI
NURMIKKO
RAKE
AITA
LAMPI
MAAPERÄ
TERASSI
TRAMPOLIINI
LETKU

35 - Riscaldamento Globale

Ä	V	Ä	T	T	I	K	R	E	M	J	R	Y	H	E
T	L	C	D	N	H	U	E	E	F	F	R	T	T	N
I	Ä	L	N	E	Y	K	M	H	B	T	I	M	U	E
E	M	I	E	N	P	T	L	E	I	Ö	B	S	L	R
D	P	V	T	I	S	I	I	R	K	T	P	N	E	G
E	Ö	L	N	T	T	U	R	W	W	S	Y	J	V	I
M	T	O	O	K	S	P	T	O	J	E	B	S	A	A
I	I	P	F	R	Z	Q	S	I	V	Ä	D	O	I	Y
E	L	U	S	A	A	K	U	M	L	V	Z	U	S	T
S	A	K	W	H	L	F	D	O	O	L	E	M	U	I
A	T	U	R	A	H	P	N	U	A	U	A	B	U	V
O	Y	S	I	J	J	Z	I	H	C	P	A	H	S	E
L	A	I	N	S	Ä	Ä	D	Ä	N	T	Ö	F	J	K
I	I	L	M	A	S	T	O	T	I	E	D	O	T	U
K	C	A	Y	M	P	Ä	R	I	S	T	Ö	S	R	M

YMPÄRISTÖ
ARKTINEN
HUOMIO
ILMASTO
KRIISI
TIEDOT
ENERGIA
TULEVAISUUS
KAASU
SUKUPOLVI

HALLITUS
INDUSTRI
LAINSÄÄDÄNTÖ
NYT
VÄESTÖ
TIEDEMIES
MERKITTÄVÄ
KEHITYS
LÄMPÖTILAT

36 - Frutta

N	E	K	T	A	R	I	I	N	I	G	D	U	F	Z
B	L	A	C	K	B	E	R	R	Y	I	R	D	Q	E
M	Q	K	I	R	S	I	K	K	A	S	T	H	A	U
A	N	U	U	R	T	I	S	P	A	Q	C	L	V	Q
R	R	Y	P	Ä	L	E	H	O	D	I	N	U	O	Z
J	B	M	H	Y	I	U	L	G	M	L	O	U	K	V
A	A	A	P	Ä	Ä	R	Y	N	Ä	E	U	M	A	A
K	N	P	N	C	F	N	Y	A	S	Y	N	U	D	D
K	U	K	R	A	P	V	O	M	R	E	A	A	O	E
I	K	I	Z	I	A	I	P	Y	Q	W	Q	D	C	L
S	I	I	F	L	K	N	H	E	W	B	R	D	H	M
R	I	V	G	F	E	O	I	S	S	N	A	R	O	A
E	V	I	R	E	E	L	O	F	I	S	E	L	Y	N
P	Y	H	B	Y	C	E	K	S	A	N	A	N	A	T
M	Y	U	F	B	B	M	H	M	I	B	D	B	A	S

APRIKOOSI
ANANAS
ORANSSI
AVOKADO
MARJA
BANAANI
KIRSIKKA
VIIKUNA
KIIVI
VADELMA

SITRUUNA
MANGO
OMENA
MELONI
BLACKBERRY
NEKTARIINI
PÄÄRYNÄ
PERSIKKA
LUUMU
RYPÄLE

37 - Fattoria #2

V	Y	K	G	Z	W	J	E	Y	L	I	W	H	M	H
I	R	O	T	K	A	R	T	L	W	S	M	E	Z	E
L	E	Y	Y	Z	U	H	T	H	Ä	S	P	Y	K	D
J	P	M	Ä	M	L	E	D	E	H	I	R	D	M	E
E	S	L	S	A	E	C	K	V	K	A	M	U	W	L
L	Q	N	E	I	T	E	C	A	E	M	V	E	Q	M
I	K	Y	P	T	S	R	U	N	R	H	N	E	T	Ä
J	E	F	S	O	A	R	D	I	F	I	N	H	I	T
Ä	V	U	I	T	K	R	P	I	G	O	T	Ä	O	A
A	R	N	Ä	A	Y	U	A	T	M	Q	H	S	P	R
V	Q	M	L	L	A	O	I	T	R	M	A	Y	A	H
V	Q	L	I	T	I	K	M	Y	D	T	W	Y	F	A
D	U	C	H	M	P	A	E	L	A	M	M	A	S	R
H	I	G	E	A	K	K	N	A	L	A	A	M	A	H
O	T	F	M	Y	S	R	W	Z	W	E	H	A	P	O

KARITSA
VILJELIJÄ
MEHILÄISPESÄ
ANKKA
ELÄIMET
RUOKA
LATO
HEDELMÄ
HEDELMÄTARHA
VEHNÄ
KASTELU
LAAMA
MAITO
MAISSI
KYPSÄ
OHRA
PAIMEN
LAMMAS
NIITTY
TRAKTORI

38 - Verdure

P	V	L	R	V	I	U	J	E	V	L	I	V	S	N
O	A	B	L	B	O	K	Y	Z	R	Y	N	A	A	A
R	P	A	R	S	A	K	A	A	L	I	K	L	L	U
K	Z	Y	U	H	E	R	N	E	Q	T	I	K	O	R
K	K	O	U	B	J	U	Y	J	R	T	V	O	T	I
A	V	W	Q	G	Y	K	U	I	H	A	Ä	S	T	S
N	P	S	I	I	O	V	Z	F	S	A	Ä	I	I	P
A	A	R	T	I	S	O	K	K	A	N	R	P	S	E
S	W	U	T	S	I	I	S	S	V	I	I	U	I	R
T	A	P	A	W	O	E	I	I	E	P	B	L	P	S
I	V	E	A	H	K	S	E	T	A	L	K	I	U	I
P	Z	R	L	P	A	T	N	Y	E	H	L	I	L	L
R	Y	U	A	J	N	L	I	R	G	R	I	E	I	J
U	F	N	S	F	U	E	S	I	P	U	L	I	R	A
K	K	A	T	O	M	A	A	T	T	I	N	D	M	I

VALKOSIPULI
PARSAKAALI
ARTISOKKA
PORKKANA
KURKKU
SIPULI
SIENI
SALAATTI
MUNAKOISO
PERUNA
HERNE
TOMAATTI
PERSILJA
NAURIS
RETIISI
SALOTTISIPULI
SELLERI
PINAATTI
INKIVÄÄRI
KURPITSA

39 - Musica

T	G	E	N	I	L	Ä	V	D	W	I	P	J	K	R
O	Y	N	E	S	L	Y	F	O	O	P	A	M	L	Y
M	U	V	N	T	N	P	Y	E	Q	U	L	C	A	T
Q	I	L	W	G	U	J	E	R	W	K	L	T	S	M
N	Y	B	A	W	T	Z	T	B	I	W	V	R	S	I
E	H	A	R	M	O	N	I	A	A	N	T	H	I	M
N	I	C	E	T	K	E	N	A	S	L	E	N	N	U
I	Y	B	P	B	K	N	Ä	L	Z	Z	L	N	E	B
L	E	M	P	Z	I	I	Ä	U	E	R	T	A	N	L
L	A	J	O	Y	S	M	E	A	E	P	D	S	D	A
O	L	U	O	F	U	T	K	L	L	A	U	L	U	I
N	O	N	L	K	U	Y	M	U	S	I	I	K	K	I
U	V	R	M	A	M	R	K	E	R	T	O	S	Ä	E
R	L	U	J	J	J	M	I	K	R	O	F	O	N	I
S	E	N	W	I	N	A	I	D	O	L	E	M	V	H

ALBUMI
HARMONIA
BALLADI
LAULAJA
LAULAA
KLASSINEN
KERTOSÄE
LYYRINEN
MELODIA
MIKROFONI
MUSIIKKI
MUUSIKKO
OOPPERA
RUNOLLINEN
ÄÄNITE
RYTMINEN
RYTMI
VÄLINE
LAULU

40 - Barbecue

D	T	P	H	Y	F	A	O	R	Y	Y	F	C	K	O
V	I	O	E	U	E	V	O	A	L	O	U	S	A	P
E	T	N	M	L	C	H	K	M	N	G	F	R	S	P
I	A	V	P	A	I	B	U	U	E	H	E	A	T	I
T	A	T	Y	R	A	T	R	U	T	W	M	B	I	Q
S	L	S	N	A	U	T	B	K	Ä	S	E	K	K	M
E	A	P	E	R	H	E	I	A	K	O	U	R	E	U
T	S	A	N	U	O	L	L	T	L	K	A	N	A	S
F	G	S	I	T	D	M	U	I	Ä	N	J	E	F	I
A	V	Y	L	D	Y	O	P	C	N	M	J	J	S	I
E	B	U	L	J	C	M	I	R	U	P	P	I	P	K
J	A	B	A	U	F	S	S	Y	Q	A	L	Y	V	K
G	Ä	M	L	E	D	E	H	T	C	L	J	A	W	I
A	K	I	L	Z	C	O	B	Z	C	W	D	E	Z	Z
W	P	U	I	L	L	I	R	G	U	A	E	Q	T	B

KUUMA
ILLALLINEN
RUOKA
SIPULI
VEITSET
KESÄ
NÄLKÄ
PERHE
HEDELMÄ
PELIT
GRILLI
SALAATIT
KUTSU
MUSIIKKI
PIPPURI
KANA
TOMAATIT
LOUNAS
SUOLA
KASTIKE

41 - Insetti

S	H	M	H	I	E	U	C	A	Q	B	M	L	G	A
U	D	E	Z	O	M	U	A	K	A	F	U	E	R	M
D	C	H	C	D	R	J	A	K	K	O	U	P	E	P
E	I	I	J	D	T	N	D	U	K	Q	R	P	S	I
N	O	L	B	E	T	V	E	O	A	M	A	Ä	S	A
K	E	Ä	N	N	W	T	M	T	R	N	H	K	H	I
O	I	I	K	I	R	V	A	A	O	E	A	E	O	N
R	T	N	H	F	S	A	N	K	T	N	I	R	P	E
E	T	E	H	C	I	D	S	K	H	O	N	T	P	N
N	I	N	Y	K	O	A	L	R	R	H	E	T	E	U
T	I	U	Y	G	O	C	B	I	D	R	N	U	W	O
O	M	Y	H	N	A	I	G	S	D	E	K	T	A	T
U	R	P	A	O	O	C	H	Z	U	P	P	R	I	K
H	E	I	N	Ä	S	I	R	K	K	A	R	U	U	V
O	T	C	T	N	H	Y	T	T	Y	N	E	N	Q	K

KIRVA
MEHILÄINEN
HORNET
HEINÄSIRKKA
CICADA
LEPPÄKERTTU
KOI
PERHONEN
MUURAHAINEN
TOUKKA
SUDENKORENTO
GRESSHOPPE
SIRKKA
KIRPPU
TORAKKA
TERMIITTI
MATO
AMPIAINEN
HYTTYNEN

42 - Fisica

A	T	O	M	I	F	I	P	Z	R	N	M	K	U	E
K	K	V	W	L	U	S	A	A	K	E	A	T	J	L
M	A	B	H	I	M	S	I	T	E	N	G	A	M	E
O	Y	A	Z	Y	S	Y	N	Y	N	A	U	V	F	K
O	I	T	O	F	T	E	O	D	O	K	O	A	Z	T
T	K	Q	Z	S	L	H	V	I	P	K	L	A	V	R
T	S	D	K	P	N	I	O	N	E	U	O	K	P	O
O	F	P	W	N	P	T	I	Z	U	I	B	R	E	N
R	O	G	U	E	N	Q	M	T	S	H	J	U	M	I
I	N	E	N	I	L	L	A	I	M	E	K	P	D	T
L	A	A	J	E	N	N	U	S	U	U	J	A	A	T
V	M	E	K	A	N	I	I	K	K	A	T	Q	H	V
M	O	L	E	K	Y	Y	L	I	P	T	P	E	D	H
K	I	I	H	D	Y	T	Y	S	A	F	V	M	F	S
I	P	E	Q	Y	L	E	I	S	T	Ä	Z	L	W	N

KIIHDYTYS
ATOMI
KAAOS
KEMIALLINEN
TIHEYS
ELEKTRONI
LAAJENNUS
KAAVA
TAAJUUS
KAASU
PAINOVOIMA
MAGNETISMI
MEKANIIKKA
MOLEKYYLI
MOOTTORI
YDIN
HIUKKANEN
YLEISTÄ
NOPEUS

43 - Agronomia

N	T	E	G	M	N	E	N	I	N	A	A	G	R	O
W	I	N	S	A	B	K	Q	K	S	M	K	U	Ö	E
K	E	E	U	A	I	O	T	N	A	T	O	U	T	T
A	D	R	M	P	M	L	I	O	D	K	I	V	S	L
S	E	G	I	E	W	O	S	S	H	E	Z	R	I	A
V	Q	I	K	R	D	G	E	I	O	L	C	P	R	N
U	E	A	T	Ä	A	I	V	D	E	O	H	E	Ä	N
S	O	S	U	O	L	A	T	A	A	M	R	O	P	O
O	M	Q	T	A	K	K	K	O	W	N	E	E	M	I
Q	G	W	H	M	Q	O	C	E	K	A	L	N	Y	T
B	R	V	B	C	B	U	C	F	S	W	E	Y	E	E
R	T	E	D	U	A	R	I	A	S	T	L	U	Q	T
S	Y	S	T	E	E	M	I	T	H	P	Ä	W	V	Y
F	O	R	U	R	E	N	S	N	I	N	G	V	P	G
M	A	A	S	E	U	D	U	N	W	P	Q	K	Ä	U

VESI
MAATALOUS
YMPÄRISTÖ
RUOKA
KASVU
EKOLOGIA
ENERGIA
EROOSIO
LANNOITE
FORURENSNING
SAIRAUDET
ORGAANINEN
TUOTANTO
MAASEUDUN
TIEDE
SIEMENET
SYSTEEMIT
KESTÄVÄ
TUTKIMUS
MAAPERÄ

44 - Erboristeria

B	O	I	V	F	H	F	O	Z	P	J	T	Q	B	L
T	O	U	W	G	L	A	H	R	A	T	U	U	P	A
I	Q	T	I	S	P	S	K	Ä	E	R	H	I	V	V
F	L	T	M	E	I	R	A	M	I	G	N	N	Z	E
M	I	N	U	N	U	Y	M	W	R	V	A	E	N	N
U	N	I	L	L	I	T	V	F	A	A	K	N	C	T
T	I	M	J	A	M	I	W	M	K	L	I	I	O	E
A	I	N	E	S	O	S	A	P	U	K	L	T	F	L
A	R	L	K	L	Q	M	W	E	U	O	I	T	P	I
L	A	B	O	U	P	P	A	R	N	S	S	A	K	A
Y	M	C	D	K	K	L	M	S	A	I	A	A	T	I
U	S	T	M	A	N	K	J	I	G	P	B	M	O	Z
M	O	D	F	B	J	E	A	L	T	U	W	O	D	D
L	R	A	J	C	E	L	F	J	J	L	E	R	B	E
Q	Z	N	U	K	B	M	P	A	M	I	H	A	K	I

VALKOSIPULI
TILLI
AROMAATTINEN
BASILIKA
RAKUUNA
FENKOLI
KUKKA
PUUTARHA
AINESOSA

LAVENTELI
MEIRAMI
MINTTU
OREGANO
PERSILJA
LAATU
ROSMARIINI
TIMJAMI
VIHREÄ

45 - Biologia

N	N	I	P	R	O	T	E	I	I	N	I	E	F	L
K	O	L	L	A	G	E	E	N	I	N	F	V	O	H
M	I	U	L	O	S	V	F	P	Y	W	I	O	T	M
U	K	N	T	U	N	E	U	R	O	N	I	L	O	R
T	L	M	I	M	O	S	O	M	O	R	K	U	S	A
A	A	O	R	S	I	N	O	M	R	O	H	U	Y	N
A	N	I	E	A	Ä	P	N	F	S	A	I	T	N	A
T	Q	S	E	E	I	K	O	O	U	J	N	I	T	T
I	M	O	T	Q	N	Y	Ä	M	L	I	L	O	E	O
O	D	O	K	C	C	T	F	S	W	L	W	I	E	M
P	O	I	A	L	K	D	S	W	P	E	I	G	S	I
E	A	B	B	E	M	S	C	Y	R	T	U	N	I	A
O	S	M	O	O	S	I	O	M	Y	A	R	M	E	N
R	G	Y	S	Y	N	A	P	S	I	M	J	L	L	N
G	G	S	H	E	R	M	O	Z	A	P	I	M	C	M

ANATOMIA
BAKTEERIT
SOLU
KOLLAGEENI
KROMOSOMI
ALKIO
ENTSYYMI
EVOLUUTIO
FOTOSYNTEESI
NISÄKÄS
MUTAATIO
LUONNOLLINEN
HERMO
NEURONI
HORMONI
OSMOOSI
PROTEIINI
MATELIJA
SYMBIOOSI
SYNAPSI

46 - Attività Commerciale

T	R	L	D	P	H	A	R	A	V	A	T	V	O	K
M	E	A	O	B	O	L	U	T	S	I	Y	O	N	U
V	Y	H	H	P	P	E	B	R	U	A	Z	I	F	S
A	T	Y	D	A	F	N	U	F	N	F	Z	T	Y	T
L	Y	G	M	A	Q	N	D	I	M	H	O	T	I	A
U	Ö	W	Z	Ä	S	U	S	E	B	W	U	O	P	N
U	N	H	I	J	L	S	J	T	N	U	V	Z	S	N
T	A	R	W	I	R	Ä	E	Z	G	U	B	S	U	U
T	N	E	P	K	D	O	T	S	I	M	I	O	T	S
A	T	J	U	E	S	U	T	I	O	H	A	R	I	U
G	A	I	Q	T	U	Z	Y	H	T	I	Ö	O	O	O
U	J	L	A	N	K	A	U	P	P	A	E	Z	J	L
R	A	H	H	Ö	M	Y	Y	N	T	I	L	L	I	A
A	M	D	B	Y	Q	A	K	F	Z	T	U	C	S	T
P	E	P	E	T	R	M	T	I	T	Q	L	I	K	C

BUDSJETT
URA
KUSTANNUS
TYÖNANTAJA
TYÖNTEKIJÄ
TALOUS
TEHDAS
RAHOITUS
SIJOITUS
TAVARA
MYYMÄLÄ
VOITTO
TULO
ALENNUS
YHTIÖ
RAHA
KAUPPA
TOIMISTO
VALUUTTA
MYYNTI

47 - Fiori

V	W	P	L	V	T	B	L	P	M	Y	Z	B	L	H
B	S	A	J	B	L	B	S	U	C	S	I	B	I	H
T	C	B	Q	N	Y	W	F	U	E	V	O	S	L	L
Y	P	Q	W	Y	T	A	W	R	F	H	H	Q	J	I
P	Ä	I	V	Ä	N	K	A	K	K	A	R	A	A	I
A	U	R	I	N	G	O	N	K	U	K	K	A	O	L
E	P	A	P	I	L	A	K	K	U	K	I	O	V	A
D	P	I	O	N	I	T	H	E	L	Ä	R	E	T	J
I	M	G	A	R	D	E	N	I	A	G	F	L	K	A
K	I	M	A	G	N	O	L	I	A	Y	N	Q	V	S
R	K	P	L	U	M	E	R	I	A	Y	S	L	P	M
O	K	K	I	N	U	S	U	U	R	G	J	B	H	I
Y	N	J	C	Q	L	A	V	E	N	T	E	L	I	I
T	U	L	P	P	A	A	N	I	R	S	P	M	D	N
K	F	S	R	M	G	A	H	L	T	O	T	F	J	I

VOIKUKKA
GARDENIA
JASMIINI
LILJA
AURINGONKUKKA
HIBISCUS
LAVENTELI
LIILA
MAGNOLIA
PÄIVÄNKAKKARA
KIMPPU
ORKIDEA
UNIKKO
PIONI
TERÄLEHTI
PLUMERIA
RUUSU
APILA
TULPPAANI

48 - Discipline Scientifiche

E	K	P	G	A	I	G	O	L	A	R	E	N	I	M
K	I	S	C	E	V	T	D	M	B	J	K	E	A	K
O	E	Y	S	D	O	H	Z	R	D	A	A	U	R	T
L	L	K	O	E	M	L	Y	Z	W	O	I	R	K	Ä
O	I	O	S	I	E	S	O	J	J	G	G	O	E	H
G	T	L	I	T	K	C	A	G	F	C	O	L	O	T
I	I	O	O	I	A	U	I	N	I	G	L	O	L	I
A	E	G	L	V	N	L	G	S	A	A	O	G	O	T
I	D	I	O	S	I	T	O	A	V	T	R	I	G	I
M	E	A	G	A	I	O	L	E	P	K	O	A	I	E
E	A	A	I	K	K	S	O	T	I	B	E	M	A	D
K	R	J	A	P	K	P	I	T	N	A	T	Y	I	E
O	O	P	C	S	A	C	B	W	A	A	E	V	M	A
I	R	A	V	I	T	S	E	M	U	S	M	S	E	E
B	I	M	M	U	N	O	L	O	G	I	A	C	K	F

ANATOMIA
ARKEOLOGIA
TÄHTITIEDE
BIOKEMIA
BIOLOGIA
KASVITIEDE
KEMIA
EKOLOGIA
GEOLOGIA
IMMUNOLOGIA
KIELITIEDE
MEKANIIKKA
METEOROLOGIA
MINERALOGIA
NEUROLOGIA
RAVITSEMUS
PSYKOLOGIA
SOSIOLOGIA

49 - Scienza

D	O	I	R	O	T	A	R	O	B	A	L	J	E	L
A	W	H	I	S	E	E	T	O	P	Y	H	O	V	U
T	O	S	I	A	S	I	A	O	Q	R	M	R	O	O
K	I	T	U	M	P	S	O	S	M	E	Z	G	L	N
E	M	E	N	E	T	E	L	M	Ä	I	M	A	U	T
M	P	R	Z	F	O	S	S	I	I	L	I	N	U	O
I	Z	A	M	O	L	E	K	Y	Y	L	I	I	T	Z
A	K	K	I	I	S	Y	F	K	O	E	M	S	I	Q
L	Y	O	K	N	T	E	S	K	U	I	H	M	O	C
L	Q	I	W	G	O	K	J	M	Z	Y	D	I	T	L
I	O	G	H	T	D	V	Q	R	L	M	Y	C	S	O
N	U	T	I	N	E	F	O	T	N	I	A	V	A	H
E	Q	O	Q	W	I	Z	O	I	J	M	W	H	M	B
N	Z	Y	W	H	T	Y	M	L	M	E	S	A	L	J
M	I	N	E	R	A	A	L	I	M	A	V	M	I	W

ATOMI
KEMIALLINEN
ILMASTO
TIEDOT
KOE
EVOLUUTIO
TOSIASIA
FYSIIKKA
FOSSIILI
PAINOVOIMA
HYPOTEESI
LABORATORIO
MENETELMÄ
MINERAALI
MOLEKYYLI
LUONTO
ORGANISMI
HAVAINTO
HIUKSET

50 - Acqua

L	K	E	G	M	V	N	J	Ä	R	V	I	L	S	H
B	U	O	R	U	S	E	N	K	V	B	G	H	U	U
I	C	M	S	J	Z	N	E	N	A	K	K	A	P	R
S	Y	P	I	T	H	I	N	U	U	S	N	O	M	R
A	N	U	I	R	E	M	A	T	L	A	V	R	H	I
D	S	U	M	F	S	U	L	N	H	V	O	K	I	K
E	H	Ö	Y	R	Y	T	S	O	Y	L	W	A	O	A
A	A	L	T	O	K	H	F	I	F	U	D	S	J	A
J	D	Y	K	S	O	I	V	F	H	T	L	T	R	N
D	Ä	O	R	U	S	A	P	W	O	I	Z	E	Q	I
E	K	Ä	F	I	T	H	Z	L	Y	L	V	L	T	L
Z	J	Z	N	H	E	K	A	N	A	V	A	U	N	J
E	B	D	Q	K	A	G	E	Y	S	I	R	N	M	P
M	W	I	R	U	U	U	B	I	U	J	O	K	I	F
M	J	Y	R	W	Q	N	Q	B	Q	F	I	H	U	F

TULVA
KANAVA
SUIHKU
HAIHTUMINEN
JOKI
PAKKANEN
GEYSIR
JÄÄN
KASTELU
JÄRVI
MONSUUNI
LUMI
VALTAMERI
AALTO
SADE
KOSTEUS
KOSTEA
HURRIKAANI
HÖYRY

51 - Imbarcazioni

P	A	G	W	W	T	J	K	S	W	O	H	S	K	W
P	U	A	U	Q	E	O	B	A	A	T	T	U	A	L
F	J	R	L	G	Y	K	O	N	J	S	B	W	N	J
Z	I	G	J	T	J	I	R	E	M	A	D	N	O	S
H	O	F	J	E	O	Q	T	T	E	M	K	P	O	C
V	P	Z	Z	O	V	J	Ä	R	V	I	Q	K	T	L
E	L	V	Q	V	A	E	B	T	C	K	B	Ö	T	Q
H	I	T	H	A	J	R	N	T	U	M	F	T	I	D
I	J	M	R	L	U	Q	K	E	K	V	I	S	S	N
N	C	D	Q	T	P	A	N	K	K	U	R	I	Y	R
B	K	B	Q	A	K	K	A	L	E	T	B	H	Ö	H
S	S	E	I	M	I	R	E	M	R	A	T	E	K	K
W	C	I	S	E	V	O	R	O	U	V	U	I	K	I
N	W	I	R	R	Q	W	S	L	J	C	Z	M	I	A
S	A	H	N	I	R	O	T	T	O	O	M	L	F	D

MASTO
ANKKURI
PURJEVENE
POIJU
KANOOTTI
KÖYSI
TELAKKA
MIEHISTÖ
JOKI
KAJAKK

JÄRVI
MERI
VUOROVESI
MERIMIES
MOOTTORI
VALTAMERI
AALTO
LAUTTA
JAHTI

52 - Chimica

P	T	L	L	Ö	P	M	Ä	L	V	V	E	T	Y	S
A	A	F	K	F	N	E	N	I	N	A	A	G	R	O
I	V	E	Y	D	Q	T	R	D	N	E	M	B	N	F
N	V	W	R	H	T	A	B	T	F	O	K	O	S	Y
O	M	Q	O	B	C	L	M	E	S	B	I	I	O	F
D	P	G	T	U	Y	L	E	H	K	L	O	O	R	I
Z	R	V	A	G	D	I	M	Y	Y	S	T	N	E	L
K	A	A	S	U	I	T	H	A	P	P	O	K	R	I
V	U	Z	Y	V	N	E	N	I	S	K	Ä	M	E	I
B	N	E	L	E	K	T	R	O	N	I	P	P	A	H
Q	Q	D	A	S	M	O	L	E	K	Y	Y	L	I	W
D	S	D	T	N	U	L	Ä	M	P	Ö	T	I	L	A
A	U	Q	A	L	T	O	O	D	H	N	K	H	N	U
N	V	U	K	O	G	B	L	V	N	E	S	T	E	C
U	A	W	B	U	I	O	I	A	B	S	B	J	A	R

HAPPO
EMÄKSINEN
LÄMPÖ
HIILI
KATALYSATOR
KLOORI
ELEKTRONI
ENTSYYMI
KAASU
VETY
IONI
NESTE
METALLIT
MOLEKYYLI
YDIN
ORGAANINEN
HAPPI
PAINO
SUOLA
LÄMPÖTILA

53 - Strumenti Musicali

O	I	P	U	T	M	A	R	I	M	B	A	C	H	W
D	N	G	Q	T	R	M	J	W	P	A	R	R	U	K
O	O	H	V	Z	I	U	O	I	G	I	A	Z	U	L
U	F	Y	G	V	H	G	M	B	E	F	T	K	L	A
J	O	K	U	P	M	U	R	P	G	P	I	D	I	R
Z	S	J	Z	L	O	I	Z	O	E	Q	K	I	H	I
P	K	U	W	C	U	N	U	B	I	T	C	N	A	N
F	A	G	O	T	T	I	P	O	S	W	T	I	R	E
Q	S	N	J	S	G	I	V	E	O	N	A	I	P	T
P	T	O	N	Q	R	R	K	F	O	H	S	L	P	T
V	F	G	A	N	U	U	S	A	P	A	U	O	U	I
Y	P	A	B	N	A	B	A	A	C	R	N	D	W	G
H	U	I	L	U	I	M	E	A	T	P	A	N	V	I
S	E	L	L	O	C	A	R	Z	F	P	Q	A	Q	Y
W	K	S	C	J	R	T	F	B	G	U	L	M	P	Z

HUULIHARPPU
HARPPU
BANJO
KITARA
KLARINETTI
FAGOTTI
HUILU
GONG
MANDOLIINI
MARIMBA
OBOE
PIANO
SAKSOFONI
TAMBURIINI
RUMPU
TRUMPETTI
PASUUNA
VIULU
SELLO

54 - Professioni #2

P	B	H	K	V	F	I	L	O	S	O	F	I	B	H
U	I	A	U	T	I	L	Ä	Ä	K	Ä	R	I	P	P
U	O	M	V	V	I	L	K	I	R	U	R	G	I	L
T	L	M	I	P	A	A	J	A	T	T	E	P	O	K
A	O	A	T	I	O	L	B	E	L	T	D	H	T	E
R	G	S	T	L	K	R	O	S	L	F	Y	M	U	K
H	I	L	A	O	K	U	S	K	D	I	V	K	T	S
U	Y	Ä	J	T	I	Z	S	K	U	V	J	P	K	I
R	U	Ä	A	T	T	N	S	T	G	V	G	Ä	I	J
I	Z	K	H	I	I	C	I	J	A	S	A	H	J	Ä
R	E	Ä	Ä	V	I	S	T	E	S	N	A	A	A	O
D	G	R	Q	R	L	N	O	I	C	Q	T	K	J	C
U	I	I	B	U	O	B	Q	R	K	C	A	A	H	A
J	T	N	E	Q	P	M	V	O	G	Q	N	U	J	M
T	O	I	M	I	T	T	A	J	A	O	S	J	E	A

VILJELIJÄ
BIOLOGI
KIRURGI
HAMMASLÄÄKÄRI
ETSIVÄ
KUSTANTAJA
FILOSOFI
VALOKUVAAJA
PUUTARHURI

TOIMITTAJA
KUVITTAJA
OPETTAJA
KEKSIJÄ
LÄÄKÄRI
PILOTTI
POLIITIKKO
TUTKIJA

55 - Letteratura

L	C	T	F	U	T	N	I	O	S	U	P	P	O	L
B	A	M	E	T	A	F	O	R	A	A	T	H	B	A
R	T	J	D	I	T	T	O	O	D	K	E	N	A	U
P	R	L	I	M	T	Y	R	S	S	O	E	C	D	S
E	E	W	Q	D	H	J	E	Q	O	U	M	E	N	U
V	K	L	V	Q	O	M	I	G	O	L	A	I	D	N
M	Ä	J	I	K	E	T	K	A	N	J	I	V	Q	T
Ä	M	L	E	T	Ä	Ä	P	S	U	D	G	I	U	O
E	Ä	R	O	M	A	A	N	I	R	J	O	S	L	K
U	L	I	A	T	R	E	V	D	P	I	L	Y	Y	T
K	E	J	B	O	U	H	T	B	M	G	A	Y	J	T
R	U	N	O	L	L	I	N	E	N	D	N	L	K	O
T	R	A	G	E	D	I	A	N	A	W	A	A	B	C
R	R	W	Z	V	S	W	R	T	A	Q	F	N	C	B
O	P	D	S	Z	P	O	G	Q	F	S	N	A	M	U

ANALYYSI
ANALOGIA
ANEKDOOTTI
TEKIJÄ
ELÄMÄKERTA
PÄÄTELMÄ
VERTAILU
KUVAUS
DIALOG
LAJI
METAFORA
LAUSUNTO
RUNO
RUNOLLINEN
LOPPUSOINTU
RYTMI
ROMAANI
TYYLI
TEEMA
TRAGEDIA

56 - Cibo #2

T	B	N	Q	Z	G	Q	R	R	N	E	A	U	F	K
B	J	M	C	Q	A	S	S	L	E	H	E	V	H	I
J	U	U	S	T	O	K	A	L	A	N	E	M	O	R
P	A	R	S	A	K	A	A	L	I	M	L	T	Y	S
C	A	S	N	J	L	R	B	M	F	U	Ä	U	C	I
Z	L	E	I	H	L	R	A	D	V	N	P	Z	F	K
Y	K	L	F	T	G	Z	N	P	Z	A	Y	V	N	K
B	U	L	V	G	V	F	A	G	S	K	R	E	B	A
M	S	E	Z	E	A	G	A	T	I	O	G	U	O	S
U	Q	R	I	M	H	J	N	Q	E	I	M	H	M	V
N	Y	I	U	K	K	N	I	K	N	S	K	W	A	Y
A	Z	R	I	I	S	I	Ä	I	I	O	A	P	S	H
W	L	E	I	P	Ä	Q	O	I	C	D	N	I	D	C
T	O	M	A	A	T	T	I	V	B	S	A	S	M	J
J	O	G	U	R	T	T	I	I	R	O	B	R	G	F

BANAAANI
PARSAKAALI
KIRSIKKA
SUKLAA
JUUSTO
SIENI
VEHNÄ
KIIVI
OMENA
MUNAKOISO
LEIPÄ
KALA
KANA
TOMAATTI
KINKKU
RIISI
SELLERI
MUNA
RYPÄLE
JOGURTTI

57 - Nutrizione

M	H	M	R	N	M	V	I	T	A	M	I	I	N	I
S	P	G	Q	S	Y	E	V	R	E	T	W	A	Q	B
D	R	E	T	A	R	D	Y	H	O	B	R	A	K	J
K	N	P	E	R	K	P	K	Ä	Y	M	I	N	E	N
A	Æ	A	E	E	K	R	R	S	H	E	Q	Y	O	K
S	R	I	T	K	Y	M	U	O	Y	B	D	S	A	A
T	I	N	S	T	Z	D	H	O	T	Ö	R	P	F	L
I	N	O	E	A	F	Y	B	A	K	E	T	W	V	O
K	G	Y	N	K	R	J	Y	L	A	A	I	Ä	H	R
E	S	M	A	U	S	T	E	E	T	J	H	I	V	I
E	S	I	Q	Z	Z	T	E	R	V	E	Y	A	N	Ä
U	T	A	A	L	Z	I	F	D	K	Z	U	C	L	I
C	O	I	L	A	V	A	K	O	U	R	F	U	Z	U
H	F	T	A	S	A	P	A	I	N	O	I	N	E	N
I	F	R	U	O	A	N	S	U	L	A	T	U	S	E

KATKERA
RUOKAHALU
TASAPAINOINEN
KALORI
KARBOHYDRATER
SYÖTÄVÄ
RUOKAVALIO
RUOANSULATUS
KÄYMINEN
NESTEET
NÆRINGSSTOFF
PAINO
PROTEIINI
LAATU
KASTIKE
TERVEYS
TERVE
MAUSTEET
MYRKKY
VITAMIINI

58 - Matematica

T	I	Z	P	L	I	L	A	A	M	I	S	E	D	K
K	O	L	M	I	O	R	W	H	O	N	W	Q	S	E
Y	E	J	S	M	J	H	W	Y	N	J	A	E	U	H
A	M	K	Q	Q	A	H	W	Y	I	O	G	A	U	Ä
O	L	P	S	G	K	W	C	H	K	E	P	J	N	A
M	A	S	Ä	P	O	R	H	T	U	R	C	I	N	S
P	I	B	Y	R	O	Y	Z	Ä	L	P	S	S	I	U
J	R	Y	I	M	Y	N	Q	L	M	I	H	I	K	M
K	T	I	E	Z	M	S	E	Ö	I	L	Q	A	A	M
N	E	L	I	Ö	O	E	M	N	O	T	S	K	S	A
C	M	Q	I	Q	K	B	T	I	T	A	M	L	U	K
U	O	D	Y	I	R	A	H	R	T	T	K	A	R	C
O	E	G	E	A	H	Q	L	C	I	T	I	H	P	Z
P	G	T	I	L	A	V	U	U	S	A	A	Z	P	L
S	U	O	R	A	K	U	L	M	I	O	V	L	E	D

KULMAT
YMPÄRYSMITTA
DESIMAALI
HALKAISIJA
JAKO
YHTÄLÖ
EKSPONENTTI
JAE
GEOMETRIA
SUUNNIKAS
KEHÄ
MONIKULMIO
NELIÖ
SUORAKULMIO
SYMMETRIA
SUMMA
KOLMIO
TILAVUUS

59 - Meditazione

H	M	H	Y	V	Ä	K	S	Y	M	I	N	E	N	A
J	E	K	I	I	T	O	L	L	I	S	U	U	S	J
L	T	N	K	H	G	U	S	C	E	Y	R	O	Q	A
D	V	U	K	J	U	F	I	O	Q	T	R	K	O	T
U	E	K	I	I	L	O	N	A	H	I	Y	J	T	U
W	L	V	I	A	S	E	M	T	I	G	H	V	N	K
E	Z	L	S	B	E	T	T	I	C	N	T	Q	U	S
A	M	L	U	K	Ö	K	Ä	N	O	E	I	I	T	I
H	L	P	M	K	Z	R	S	G	M	H	C	E	Ä	A
U	O	O	G	E	S	H	G	E	L	U	O	N	T	O
A	H	A	V	A	I	N	T	O	L	K	R	N	Ö	Y
R	W	D	N	O	O	J	C	O	Y	K	P	U	Y	O
H	M	I	E	L	I	T	Y	E	S	L	E	T	M	Z
R	A	U	H	A	L	L	I	N	E	N	P	Y	Q	R
Y	S	T	Ä	V	Ä	L	L	I	S	Y	Y	S	S	C

HYVÄKSYMINEN
HUOMIO
RAUHALLINEN
SELKEYS
MYÖTÄTUNTO
TUNNE
YSTÄVÄLLISYYS
KIITOLLISUUS
HENKISTÄ
MIELI
LIIKE
MUSIIKKI
LUONTO
HAVAINTO
RAUHA
AJATUKSIA
RYHTI
NÄKÖKULMA
HENGITYS

60 - Elettricità

P	O	S	I	T	I	I	V	I	N	E	N	L	J	I
T	E	L	E	V	I	S	I	O	D	P	H	A	O	A
W	J	P	Y	Z	R	Q	O	U	B	U	L	I	H	J
L	A	S	E	R	J	Y	I	Z	D	H	A	T	D	A
E	K	L	P	B	J	V	M	R	G	E	M	T	O	T
L	G	D	I	V	K	T	T	D	O	L	P	E	T	N
G	M	A	G	N	E	E	T	T	I	I	P	E	L	E
C	Z	U	S	F	M	Ä	Ä	R	Ä	N	U	T	L	S
S	O	P	Q	E	P	I	S	T	O	R	A	S	I	A
N	E	G	A	T	I	I	V	I	N	E	N	V	L	Ö
N	W	R	K	F	A	Q	B	E	Y	F	K	E	E	K
P	N	E	N	I	Ö	K	H	Ä	S	M	A	R	P	H
Q	I	K	F	Y	I	T	K	E	J	B	O	K	A	Ä
G	F	K	F	M	Y	Y	A	U	O	W	U	K	A	S
G	E	N	E	R	A	A	T	T	O	R	I	O	K	K

LAITTEET
AKKU
KAAPELI
SÄHKÖASENTAJA
SÄHKÖINEN
JOHDOT
GENERAATTORI
LAMPPU
LASER

MAGNEETTI
NEGATIIVINEN
OBJEKTI
POSITIIVINEN
PISTORASIA
MÄÄRÄ
VERKKO
PUHELIN
TELEVISIO

61 - Antiquariato

C	U	Q	E	A	R	V	O	H	I	N	T	A	E	K
K	P	Z	A	R	Z	H	Q	V	A	L	P	V	P	O
L	Y	N	Q	S	Ä	K	I	L	Y	Y	T	W	Ä	R
H	U	U	T	O	K	A	U	P	P	A	T	R	T	I
S	Z	L	E	N	T	I	S	Ö	I	N	T	I	A	S
O	I	L	A	T	A	S	I	S	O	U	V	L	V	T
T	T	J	V	K	P	G	S	W	E	Ä	Y	Y	A	E
S	O	M	O	L	E	R	C	V	I	J	C	Y	L	D
I	N	U	U	I	K	N	H	I	H	I	N	T	L	I
E	U	W	R	E	T	T	O	K	I	L	O	K	I	A
V	U	A	I	L	B	U	D	U	E	I	G	B	N	T
O	T	I	A	U	J	G	S	D	H	Ä	L	B	E	N
E	A	H	N	A	V	D	O	P	N	R	O	Y	N	B
G	A	L	L	E	R	I	A	K	J	E	V	W	W	J
I	L	Y	U	R	Q	V	Q	L	B	K	Y	J	M	G

TAIDE
ERÄ
HUUTOKAUPPA
AITO
KERÄILIJÄ
KORISTE
TYYLIKÄS
GALLERIA
EPÄTAVALLINEN
SIJOITUS

HUONEKALU
KOLIKOT
HINTA
LAATU
ENTISÖINTI
VEISTOS
VUOSISATA
TYYLI
ARVO
VANHA

62 - Fotografia

V	V	R	V	M	A	D	J	K	F	K	S	V	F	N
A	A	A	I	D	Ä	Ä	T	N	E	M	H	E	P	Ä
L	R	K	S	B	S	Ä	H	G	E	H	P	C	J	Y
A	J	E	U	N	W	J	R	G	Y	A	Y	P	J	T
I	O	N	A	U	N	E	U	I	R	Ä	V	S	J	T
S	E	N	A	F	A	A	M	E	T	J	V	U	U	E
T	G	E	L	I	M	R	W	S	Y	E	M	I	P	L
U	I	Z	I	A	L	E	S	I	N	E	L	Y	T	Y
S	K	J	N	I	U	M	A	B	V	K	Z	M	I	D
J	V	V	E	H	K	A	S	Q	B	G	O	N	Ä	Z
G	D	V	N	E	Ö	K	O	O	S	T	U	M	U	S
M	U	S	T	A	K	O	N	T	R	A	S	T	I	W
S	B	H	C	J	Ä	F	Z	A	O	F	V	P	R	B
Q	U	I	R	S	N	D	K	L	G	U	Q	O	H	S
M	U	O	T	O	K	U	V	A	D	Z	M	Z	T	K

PEHMENTÄÄ
PIMEYS
VÄRI
KOOSTUMUS
KONTRASTI
KEHYS
MÄÄRITELMÄ
NÄYTTELY
MUOTO
VALAISTUS
MUSTA
ESINE
VARJO
NÄKÖKULMA
MUOTOKUVA
AIHE
KAMERA
RAKENNE
VISUAALINEN

63 - Escursionismo

B	E	P	Y	L	H	F	Z	S	T	L	N	K	H	S
D	P	H	Z	I	E	J	D	F	M	F	C	A	S	E
V	U	E	W	V	U	O	R	I	V	I	K	L	G	K
W	O	T	E	J	O	J	C	S	L	Z	K	L	I	V
R	G	O	Y	P	Q	K	A	E	F	L	C	I	L	Ä
U	A	T	N	U	U	S	M	V	Q	Q	I	O	M	S
Ä	Ä	S	Y	Z	E	T	P	L	N	J	A	V	A	Y
P	M	I	K	T	E	M	I	Ä	L	E	U	S	S	N
E	K	U	W	A	U	U	N	J	P	U	R	A	T	Y
H	J	P	B	J	S	K	G	A	V	V	I	A	O	T
V	A	A	R	A	T	E	A	M	J	J	N	P	T	Z
K	O	K	O	U	S	D	M	R	Z	U	K	P	N	E
C	E	W	Z	V	C	Q	D	D	T	V	O	A	O	Q
E	I	H	I	I	A	U	B	N	M	T	R	A	U	K
W	U	E	P	T	E	K	C	V	P	A	A	T	L	K

VESI
ELÄIMET
CAMPING
ILMASTO
KARTTA
SÄÄ
VUORI
LUONTO
SUUNTA
PUISTOT

VAARAT
RASKAS
KIVI
KALLIO
VILLI
AURINKO
VÄSYNYT
SAAPPAAT
KOKOUS

64 - Professioni #1

V	P	J	Ä	E	K	E	A	Ä	G	T	Z	V	S	C
T	Y	U	P	J	Y	A	A	J	I	S	S	N	A	T
O	F	U	P	R	S	I	R	Ä	K	Ä	Ä	L	W	Z
L	P	C	E	P	A	J	A	T	N	E	M	L	A	V
M	U	U	S	I	K	K	O	S	O	I	K	D	Y	O
T	A	P	A	G	O	C	F	Ä	W	G	V	V	F	K
A	P	I	T	O	Z	H	O	S	T	O	R	R	P	Z
I	T	A	L	L	F	B	S	T	K	L	R	A	S	S
T	E	N	U	O	T	T	Z	E	Q	O	Ø	K	F	E
E	E	I	K	E	S	E	I	M	I	K	T	U	P	I
I	K	S	W	G	J	I	W	O	U	Y	K	N	B	M
L	K	T	R	N	B	J	Y	K	A	S	A	A	E	I
I	I	I	R	I	I	K	K	N	A	P	D	D	B	R
J	T	I	E	D	E	M	I	E	S	V	E	Z	R	E
A	J	A	T	I	O	H	C	E	R	V	R	J	G	M

VALMENTAJA
TAITEILIJA
TANSSIJA
PANKKIIRI
METSÄSTÄJÄ
KARTOGRAFI
REDAKTØR
APTEEKKI
GEOLOGI

KULTASEPPÄ
PUTKIMIES
HOITAJA
MERIMIES
LÄÄKÄRI
MUUSIKKO
PIANISTI
PSYKOLOGI
TIEDEMIES

65 - Antartide

V	Ö	T	S	I	R	Ä	P	M	Y	R	S	S	C	J
E	K	I	L	V	L	A	A	S	O	N	A	A	M	Ä
S	I	E	A	L	Y	A	A	Z	R	P	A	L	M	Ä
I	V	T	H	I	G	M	A	K	P	L	R	A	A	N
F	I	E	T	P	E	I	J	R	R	V	E	V	A	B
G	N	E	I	S	F	M	I	R	E	T	T	Z	N	P
I	E	L	J	L	M	E	K	P	E	N	E	G	T	O
M	N	L	R	K	A	I	T	S	R	B	I	Y	I	Z
H	I	I	D	N	R	N	U	F	B	D	U	M	E	F
L	A	N	M	U	U	T	T	O	S	P	K	B	D	E
P	G	E	M	M	F	H	B	N	I	Z	T	G	E	N
M	E	N	E	N	I	M	Ä	T	T	Y	L	I	Ä	S
R	E	T	K	I	K	U	N	T	A	A	Q	Q	U	U
L	Ä	M	P	Ö	T	I	L	A	N	K	C	Y	J	C
T	O	P	O	G	R	A	F	I	A	M	W	P	Y	N

VESI
YMPÄRISTÖ
LAHTI
VALAS
SÄILYTTÄMINEN
MAANOSA
MAANTIEDE
ISBREER
JÄÄN
SAARET
MUUTTO
MINERAALI
PILVI
NIEMIMAA
TUTKIJA
KIVINEN
TIETEELLINEN
RETKIKUNTA
LÄMPÖTILA
TOPOGRAFIA

66 - Libri

A	P	T	R	S	I	V	U	E	L	T	R	N	K	F
T	W	N	A	O	L	G	B	R	U	E	U	P	E	G
B	V	B	I	R	M	C	J	D	K	K	N	Q	R	K
R	N	C	T	O	I	A	M	N	I	I	O	Q	T	O
S	E	U	S	E	U	N	A	E	J	J	U	L	O	K
A	N	L	K	N	E	K	A	N	A	Ä	S	S	J	O
R	I	I	E	W	P	C	M	I	I	G	U	Ä	A	E
J	P	A	T	V	F	E	C	G	S	E	T	I	A	L
A	P	K	N	O	A	M	W	A	D	J	O	L	R	M
N	E	K	O	Z	H	A	C	A	H	U	P	E	B	A
Q	E	I	K	A	P	N	N	R	K	K	U	S	G	T
M	W	E	J	N	G	I	L	T	F	I	R	K	S	O
N	E	S	M	E	R	K	K	I	I	Y	K	E	Q	G
G	B	N	W	A	A	L	M	E	P	A	B	K	M	C
K	A	K	S	I	N	A	I	S	U	U	S	H	R	N

TEKIJÄ
SEIKKAILU
MERKKI
KOKOELMA
KONTEKSTI
KAKSINAISUUS
EEPPINEN
UPOTUS
KEKSELIÄS
LUKIJA

KERTOJA
SIVU
RUNOUS
RELEVAANTIA
ROMAANI
SKRIFTLIG
SARJA
TARINA
TRAAGINEN

67 - Geografia

V	R	S	L	C	P	Y	I	L	E	S	I	P	V	K
P	U	V	C	N	A	F	L	E	T	A	Y	I	A	A
O	M	O	C	T	Q	D	J	V	E	L	I	T	L	U
H	O	A	R	V	G	T	J	E	L	U	W	U	T	P
J	O	Y	A	I	K	O	J	Y	Ä	E	U	U	A	U
O	P	H	A	S	V	I	I	S	N	Ä	L	S	M	N
I	M	S	T	A	S	O	N	A	A	M	Q	A	E	K
N	I	E	T	I	Z	A	Z	S	R	G	E	S	R	I
E	E	H	R	L	K	H	J	T	V	H	V	T	I	F
N	E	K	A	I	V	I	Z	E	C	F	N	E	V	K
J	W	S	K	O	R	K	E	U	S	A	L	T	A	D
M	A	A	I	L	M	A	H	A	L	V	K	U	L	E
S	A	A	R	I	M	E	R	I	D	I	A	A	N	I
Y	O	D	N	Z	O	F	E	D	U	O	Y	R	V	C
N	A	Q	F	F	O	D	T	Z	N	J	I	D	W	W

KORKEUS
ATLAS
KAUPUNKI
MAANOSA
HALVKULE
JOKI
SAARI
LEVEYSASTE
PITUUSASTE
KARTTA
MERI
MERIDIAANI
MAAILMA
VUORI
POHJOINEN
VALTAMERI
LÄNSI
MAASSA
ALUE
ETELÄ

68 - Cibo #1

U	V	A	L	K	O	S	I	P	U	L	I	G	D	S
H	I	R	E	K	O	S	C	D	J	L	S	I	M	Q
E	Y	D	A	Z	A	M	D	D	O	U	G	T	E	T
M	J	I	Q	V	J	K	Z	T	M	I	N	T	T	U
S	A	L	O	U	S	C	K	K	R	L	V	A	D	D
E	Ä	N	Y	R	Ä	Ä	P	U	L	U	W	A	C	U
Y	W	K	S	P	F	W	I	N	O	P	S	N	T	N
L	Y	O	J	I	G	J	R	P	A	I	A	I	T	A
I	Y	S	L	Y	K	G	P	D	N	S	M	P	T	U
H	K	G	N	M	G	K	Y	M	A	I	T	O	U	R
A	Y	I	V	F	M	L	A	B	K	L	Y	W	N	I
B	A	S	I	L	I	K	A	T	K	E	A	H	F	S
S	I	T	R	U	U	N	A	E	R	N	U	E	I	J
S	A	L	A	A	T	T	I	W	O	A	C	D	S	C
O	H	R	A	W	M	G	H	Q	P	K	S	A	K	W

VALKOSIPULI
BASILIKA
KANELI
LIHA
PORKKANA
SIPULI
MANSIKKA
SALAATTI
MAITO
SITRUUNA
MINTTU
OHRA
PÄÄRYNÄ
NAURIS
SUOLA
PINAATTI
MEHU
TUNFISK
KAKKU
SOKERI

69 - Aeroplani

K	S	Q	T	P	P	A	D	I	O	G	I	V	A	N
U	E	N	E	N	I	M	U	T	U	E	K	S	A	L
T	I	U	H	Y	R	L	M	I	E	H	I	S	T	Ö
F	K	U	J	F	O	I	O	R	H	M	M	U	I	P
O	K	W	K	J	T	H	V	T	O	F	K	E	L	O
R	A	A	J	A	T	S	U	K	T	A	M	K	M	L
M	I	E	U	E	O	E	D	G	M	I	K	R	A	T
I	L	Y	E	G	O	B	R	O	I	J	H	O	I	T
N	U	I	Z	C	M	K	M	D	F	N	M	K	N	O
G	H	S	I	L	M	A	P	A	L	L	O	T	E	A
H	K	A	U	K	S	A	L	V	C	G	K	T	N	I
S	K	V	Z	U	A	W	G	V	E	R	M	O	P	N
G	Y	I	Z	P	N	Q	Q	K	N	T	S	Q	C	E
J	L	A	A	L	H	T	I	D	G	M	Y	T	E	R
V	Y	T	W	R	N	S	A	I	R	O	T	S	I	H

KORKEUS
ILMA
ILMAINEN
LASKU
SEIKKAILU
POLTTOAINE
TAIVAS
UTFORMING
SUUNTA
LASKEUTUMINEN
MIEHISTÖ
VETY
MOOTTORI
NAVIGOIDA
ILMAPALLO
MATKUSTAJA
PILOTTI
HISTORIA

70 - Governo

M	R	K	A	N	S	A	L	A	I	S	U	U	S	J
O	E	U	R	P	L	N	R	C	Z	W	Z	H	M	O
N	T	A	K	K	I	I	T	I	L	O	P	H	Z	H
U	T	D	P	B	C	I	N	P	O	J	E	L	Q	T
M	S	U	E	K	I	O	R	H	F	O	Q	A	J	A
E	L	B	E	U	U	Q	I	I	A	Y	A	K	Z	J
N	I	D	E	M	O	K	R	A	T	I	A	I	R	A
T	G	L	K	A	N	S	A	L	L	I	N	E	N	M
T	P	N	O	J	S	U	T	I	T	S	N	O	K	S
I	I	U	P	B	V	U	Q	W	T	U	Z	I	Z	I
Q	L	A	H	P	M	C	Y	N	R	A	Z	T	G	V
E	P	T	M	E	V	Y	T	S	H	P	F	L	V	I
L	L	O	V	R	A	A	S	A	T	A	K	A	D	I
K	A	N	S	A	K	U	N	T	A	V	N	V	Q	L
K	E	S	K	U	S	T	E	L	U	L	W	K	Y	I

JOHTAJA
KANSALAISUUS
SIVIILI-
KONSTITUSJON
DEMOKRATIA
PUHE
KESKUSTELU
RETTSLIG
OIKEUS
LAKI
VAPAUS
MONUMENTTI
KANSALLINEN
KANSAKUNTA
POLITIIKKA
PIIRI
SYMBOLI
VALTIO
TASA-ARVO

71 - Bellezza

L	M	W	R	E	R	F	O	T	O	G	E	N	O	V
E	V	S	Q	I	S	H	A	M	P	O	O	O	R	I
P	P	T	F	I	P	U	Q	R	Q	W	H	D	H	E
P	Z	L	N	T	U	S	K	O	U	T	I	F	L	H
E	V	T	M	S	Ä	K	I	L	Y	Y	T	D	Z	Ä
S	Q	L	J	I	Q	O	C	V	H	S	U	I	I	T
T	Z	Ä	E	L	I	S	Y	O	Ä	K	Q	S	O	Y
I	U	I	Y	Y	O	M	R	A	V	R	L	S	I	S
F	Z	K	J	T	T	E	S	K	A	S	I	N	G	N
T	T	K	L	S	A	T	U	L	E	V	L	A	P	B
P	E	I	L	I	R	I	Y	U	Z	S	V	G	V	E
A	N	E	R	D	A	I	M	J	F	G	Ä	E	G	Z
G	J	M	J	W	H	K	F	N	L	N	R	L	B	W
F	S	S	U	Q	I	K	I	A	Y	Ö	I	E	W	Y
J	W	D	L	E	K	A	P	J	A	V	P	V	J	M

VÄRI
KOSMETIIKKA
TYYLIKÄS
ELEGANSSI
VIEHÄTYS
SAKSET
FOTOGEN
TUOKSU
ARMO
SILEÄ
RIPSIVÄRI
ÖLJYT
IHO
KIHARAT
LEPPESTIFT
PALVELUT
SHAMPOO
PEILI
STYLISTI
MEIKKI

72 - Avventura

E	S	U	U	S	I	L	L	O	D	H	A	M	T	A
D	P	T	U	Y	O	O	I	B	W	T	E	S	O	Y
H	Q	Ä	O	S	U	E	K	I	A	V	Y	L	I	I
O	L	I	T	V	I	Y	K	K	Y	T	O	E	M	Y
K	A	W	N	A	K	T	A	M	A	J	I	Z	I	S
S	Q	Z	O	M	V	T	O	A	I	U	R	W	N	T
B	Q	V	U	R	U	A	Z	W	S	U	N	S	T	Ä
T	J	C	L	H	I	D	L	G	N	L	R	E	A	V
I	N	N	O	S	T	U	S	L	M	A	T	Z	U	Ä
H	A	A	S	T	E	E	T	E	I	K	T	E	R	S
M	A	T	K	U	S	T	A	A	T	N	V	E	Y	W
V	A	A	R	A	L	L	I	N	E	N	E	V	R	U
L	Z	Y	L	L	Ä	T	T	Ä	V	Ä	E	N	A	S
N	A	V	I	G	O	I	N	T	I	E	S	P	K	C
T	U	R	V	A	L	L	I	S	U	U	S	S	J	H

YSTÄVÄ
TOIMINTA
KAUNEUS
MAHDOLLISUUS
KOHDE
VAIKEUS
INNOSTUS
RETKI
ILO
EPÄTAVALLINEN

MATKA
LUONTO
NAVIGOINTI
UUSI
VAARALLINEN
HAASTEET
TURVALLISUUS
YLLÄTTÄVÄ
MATKUSTAA

73 - Forme

Y	B	L	M	L	F	Z	K	N	M	B	N	M	K	F
I	M	M	P	I	L	Y	T	A	J	Q	F	O	K	F
W	F	B	T	N	A	A	Q	E	E	J	B	N	S	B
L	Ö	I	A	J	Z	Q	O	K	J	K	M	I	Y	E
N	I	V	N	A	B	P	O	I	T	U	U	K	L	C
P	L	L	U	W	W	H	E	O	A	L	S	U	I	V
Y	E	W	E	L	L	I	P	S	I	M	I	L	N	A
P	N	J	R	B	Ä	O	U	Q	W	A	D	M	T	B
K	A	A	R	I	R	B	S	O	P	M	E	I	E	L
O	K	U	U	N	Y	E	D	L	H	S	K	O	R	J
Y	M	P	Y	R	Ä	O	P	H	L	I	A	V	I	P
C	G	T	U	C	K	I	H	Y	Z	R	R	L	I	T
P	Y	R	A	M	I	D	I	A	H	P	T	M	R	K
S	U	O	R	A	K	U	L	M	I	O	I	D	C	C
W	K	O	L	M	I	O	Y	J	S	O	O	B	O	B

KULMA
KAARI
REUNAT
YMPYRÄ
SYLINTERI
KARTIO
KUUTIO
KÄYRÄ
ELLIPSI
HYPERBELI
SIDE
LINJA
SOIKEA
PYRAMIDI
MONIKULMIO
PRISMA
NELIÖ
SUORAKULMIO
KOLMIO

74 - Oceano

M	U	S	T	E	K	A	L	A	M	V	Q	T	Y	F
R	A	P	U	O	C	C	E	G	G	A	W	V	C	V
S	F	R	K	Y	K	S	R	Y	M	Z	N	S	Q	A
P	I	I	H	S	A	I	R	E	K	N	A	E	B	L
N	K	E	Q	H	P	A	L	U	I	K	L	A	T	A
A	J	M	N	A	W	H	T	P	B	Z	B	A	I	S
Q	U	K	S	I	F	N	U	T	I	M	J	L	K	I
I	R	E	T	S	O	F	J	Y	F	K	A	T	A	I
L	H	K	G	C	S	E	O	L	W	B	O	O	L	C
L	W	G	C	T	I	D	E	V	A	N	N	N	A	K
A	T	T	U	I	R	Y	N	A	E	Z	B	I	N	V
R	S	U	O	L	A	T	E	Y	M	T	S	Z	J	A
O	R	W	C	N	V	S	V	R	B	Q	K	L	Y	P
K	A	T	K	A	R	A	V	U	T	J	P	D	H	F
L	Y	D	E	L	F	I	I	N	I	M	U	C	W	R

ANKERIAS
VALAS
VENE
KORALLI
DELFIINI
KATKARAVUT
RAPU
TIDEVANN
MANET
AALTO
OSTERI
KALA
MUSTEKALA
SUOLA
RIUTTA
SIENI
HAI
KILPIKONNA
MYRSKY
TUNFISK

75 - Famiglia

V	U	E	P	S	F	W	A	Z	K	Q	V	Y	Y	L
Q	A	C	W	K	S	D	Q	R	Ä	P	E	B	Z	A
V	V	I	S	N	N	F	D	D	D	S	L	N	A	P
Ä	O	S	M	S	I	S	K	O	S	U	I	F	R	S
I	E	H	W	O	D	K	R	M	E	U	S	O	C	E
T	S	G	N	T	I	T	S	Z	R	S	P	L	S	T
I	A	M	S	N	Ä	S	I	I	K	P	A	F	E	I
V	B	T	P	B	E	T	M	S	K	A	L	H	I	A
I	S	O	Ä	I	T	I	I	T	U	L	V	V	M	Z
Y	I	W	I	I	O	O	J	A	U	H	Q	N	G	M
C	J	M	V	O	Y	Q	D	M	I	S	Ä	G	H	E
K	A	K	S	O	S	E	T	F	G	M	W	P	V	T
T	J	P	G	R	W	R	M	A	I	R	A	A	J	F
F	Q	H	N	P	V	D	R	R	Ä	T	Y	T	F	Z
V	E	L	J	E	N	P	O	I	K	A	S	E	T	Ä

STAMFAR
LAPSET
LAPSI
SERKKU
TYTÄR
VELI
KAKSOSET
LAPSUUS
ÄITI
MIES
ÄIDIN
VAIMO
VELJENPOIKA
ISOÄITI
ISOISÄ
ISÄ
ISÄN
SISKO
TÄTI
SETÄ

76 - Creatività

I	I	T	T	E	E	T	I	S	N	E	T	N	I	I
L	J	S	U	T	I	O	N	N	I	F	W	A	A	S
M	T	U	N	N	E	V	A	W	T	W	M	M	P	N
A	V	U	K	J	E	I	A	U	N	U	G	L	G	N
I	W	L	J	K	Q	S	T	A	A	G	I	E	I	E
S	A	F	U	J	Z	I	N	P	Z	W	Z	T	A	W
U	T	I	J	J	B	O	O	J	K	D	S	U	I	K
H	A	V	T	Z	R	I	P	L	Y	S	V	K	V	O
D	I	J	L	O	Y	T	S	I	D	E	O	I	T	A
Z	T	R	S	M	U	A	S	Y	R	P	S	A	V	Y
C	O	I	K	P	I	S	F	Q	E	T	C	V	H	J
J	U	O	K	S	E	V	U	U	S	K	H	L	S	K
E	L	I	N	V	O	I	M	A	T	M	L	G	B	E
K	E	K	S	E	L	I	Ä	S	A	T	H	E	A	Q
M	I	E	L	I	K	U	V	I	T	U	S	K	S	A

TAITO
AITOUS
SELKEYS
ILMAISU
JUOKSEVUUS
IDEOITA
MIELIKUVITUS
KUVA
VAIKUTELMA
INTENSITEETTI
INTUITIO
KEKSELIÄS
INNOITUS
TUNNE
SPONTAANI
VISIOITA
ELINVOIMA

77 - Veicoli

N	Y	Q	J	F	A	K	J	U	C	G	A	V	P	Z
H	E	L	I	K	O	P	T	E	R	I	W	I	O	E
K	O	U	L	U	T	T	A	A	F	M	C	A	L	A
S	I	R	O	T	K	A	R	T	B	A	Q	M	K	I
T	U	C	E	N	E	V	S	U	L	L	E	K	U	S
A	B	K	A	T	T	U	A	L	M	V	R	R	P	S
K	U	J	K	Y	O	T	U	A	E	A	A	E	Y	N
S	S	M	U	U	I	O	P	Y	T	R	K	N	Ö	A
I	S	O	K	T	L	T	C	Y	R	E	E	K	R	L
O	I	O	L	E	U	A	O	S	O	B	T	A	Ä	U
N	E	T	N	Z	J	P	C	U	R	I	T	A	M	B
B	B	T	K	Z	M	E	W	W	D	L	I	T	Z	M
Y	W	O	V	M	L	E	N	T	O	K	O	N	E	A
V	Q	R	U	N	V	A	J	E	S	T	N	I	O	B
O	J	I	K	H	J	U	E	L	V	G	V	G	M	J

LENTOKONE
AMBULANSSI
AUTO
BUSSI
VENE
POLKUPYÖRÄ
KUKA
HELIKOPTERI
VAREBIL
METRO
MOOTTORI
SUKKULA
RENKAAT
RAKETTI
SCOOTER
SUKELLUSVENE
TAKSI
LAUTTA
TRAKTORI
KOULUTTAA

78 - Emozioni

S	U	U	T	U	T	T	A	A	R	K	I	R	C	E
A	U	T	U	U	S	N	R	S	A	I	N	A	L	I
N	D	O	E	C	V	T	H	N	U	I	N	U	H	K
Q	W	P	Y	K	F	H	M	E	H	T	O	H	R	Ä
S	W	G	C	Z	I	M	P	N	A	O	I	A	A	V
G	O	H	S	U	Y	L	D	I	K	L	S	L	K	Y
L	O	T	L	E	T	R	O	Ä	E	L	S	L	K	S
N	O	F	N	N	S	T	U	V	O	I	A	I	A	T
Y	L	D	H	E	L	L	Y	Y	S	N	A	S	U	Y
L	C	U	S	A	R	G	C	T	L	E	N	U	S	M
Y	L	L	Ä	T	Y	S	D	Y	P	N	O	U	U	I
H	E	L	P	O	T	U	S	Y	Q	E	E	S	Q	N
Z	L	G	C	I	Q	B	N	T	D	G	L	Z	S	E
M	Y	Ö	T	Ä	T	U	N	T	O	I	G	K	I	N
H	P	W	S	I	S	Ä	L	T	Ö	Q	Z	I	O	R

RAKKAUS
AUTUUS
SISÄLTÖ
INNOISSAAN
ILO
KIITOLLINEN
IKÄVYSTYMINEN
RAUHA
PELKO

SUUTUTTAA
RENTO
HELPOTUS
MYÖTÄTUNTO
TYYTYVÄINEN
YLLÄTYS
HELLYYS
RAUHALLISUUS

79 - Natura

I	M	V	Y	A	R	K	T	I	N	E	N	T	K	T
J	Ä	Ä	T	I	K	K	Ö	K	E	M	E	R	A	Ä
M	Y	K	S	E	G	J	R	O	I	H	N	O	U	R
Y	O	O	H	Z	R	O	C	J	T	D	I	O	N	K
Y	M	W	C	H	J	O	I	P	H	T	Ä	P	E	E
C	Y	A	C	K	M	C	U	Z	E	Y	L	P	U	Ä
K	C	A	I	V	L	I	P	V	L	G	I	I	S	Y
I	N	E	N	I	M	A	A	N	Y	D	H	N	O	L
O	T	L	S	L	S	T	L	C	M	Z	E	E	K	Q
I	L	E	R	L	U	C	U	O	S	O	M	N	M	A
S	E	P	Z	I	M	B	M	P	Y	H	Ä	K	K	Ö
O	U	D	A	Y	U	T	T	E	M	I	Ä	L	E	V
O	K	O	K	K	I	V	A	A	T	R	J	N	I	J
R	V	B	J	T	Y	R	I	K	T	S	N	Y	V	C
E	I	H	N	A	F	H	W	F	N	Y	Ä	H	D	C

ELÄIMET
MEHILÄINEN
ARKTINEN
KAUNEUS
AAVIKKO
DYNAAMINEN
EROOSIO
JOKI
LEHTIEN
METSÄ
JÄÄTIKKÖ
VUORET
SUMU
PILVI
SUOJA
PYHÄKKÖ
VILLI
TROOPPINEN
TÄRKEÄ

80 - Balletto

T	O	W	A	T	P	B	R	U	T	Z	I	Ö	I	H
A	R	E	D	J	T	O	H	K	O	P	Q	S	N	A
I	K	T	Y	Y	L	I	W	R	Y	T	M	I	T	R
T	E	F	P	M	U	S	I	I	K	K	I	E	E	J
O	S	Ä	K	I	E	M	L	I	L	E	E	L	N	O
W	T	E	S	K	A	H	I	L	R	K	E	Y	S	I
G	E	B	O	T	A	N	S	S	I	J	A	T	I	T
N	R	E	A	K	K	I	I	N	K	E	T	Z	T	E
A	I	F	A	R	G	O	E	R	O	K	L	V	E	L
A	H	M	S	Ä	V	E	L	T	Ä	J	Ä	E	E	L
Z	L	M	W	B	A	L	L	E	R	I	N	A	T	A
H	A	R	J	O	I	T	U	K	S	E	T	B	T	D
V	T	G	J	V	K	B	E	Q	M	W	R	J	I	G
T	A	I	T	E	E	L	L	I	N	E	N	S	M	U
R	B	U	H	H	L	M	N	M	E	N	O	G	H	G

TAITO
TAITEELLINEN
BALLERINA
TANSSIJAT
SÄVELTÄJÄ
KOREOGRAFIA
ILMEIKÄS
ELE
INTENSITEETTI
LIHAKSET
MUSIIKKI
ORKESTERI
HARJOITELLA
HARJOITUKSET
YLEISÖ
RYTMI
TYYLI
TEKNIIKKA

81 - Paesi #1

W	L	A	G	E	N	E	S	L	A	W	Y	M	E	P
Y	F	F	S	H	Q	R	U	E	I	R	U	A	G	A
V	U	E	W	K	U	L	O	A	L	B	N	L	Y	N
G	Y	B	V	V	A	K	M	R	I	A	Y	I	P	A
I	R	A	K	E	L	S	I	S	S	Ž	H	A	T	M
B	R	I	W	N	O	B	W	I	A	D	J	J	I	A
G	S	T	T	E	U	C	U	O	R	O	R	R	P	E
I	W	N	M	Z	P	K	M	P	B	B	V	O	J	A
O	T	I	C	U	S	E	A	R	O	M	A	N	I	A
W	F	P	D	E	R	L	N	N	T	A	Z	G	J	J
T	U	I	I	L	V	G	T	F	A	K	J	M	P	B
A	B	U	N	A	J	B	E	L	K	D	W	S	K	E
E	Y	Y	S	N	V	E	I	K	O	A	A	O	M	Y
E	B	Y	D	N	E	E	V	I	M	L	V	I	C	Y
E	S	P	A	N	J	A	M	A	R	O	K	K	O	A

BRASILIA
KAMBODŽA
KANADA
EGYPTI
SUOMI
SAKSA
INTIA
IRAK
ISRAEL
LIBYA
MALI
MAROKKO
NORJA
PANAMA
PUOLA
ROMANIA
SENEGAL
ESPANJA
VENEZUELA
VIETNAM

82 - Geometria

N	I	V	U	A	S	U	E	K	R	O	K	K	M	R
H	H	F	Z	K	Z	Y	L	S	C	P	Z	Ä	E	I
V	H	P	N	I	O	I	M	L	O	K	G	Y	D	N
T	B	S	E	M	M	P	M	M	D	P	B	R	I	N
S	G	R	N	T	Y	H	V	A	E	O	G	Ä	A	A
A	K	K	I	I	G	O	L	Z	O	T	Ä	K	A	K
W	M	L	M	V	A	A	K	A	G	R	R	E	N	K
U	Z	G	E	Y	H	T	Ä	L	Ö	Q	Y	I	I	A
H	A	L	K	A	I	S	I	J	A	P	P	M	A	I
G	M	W	S	R	I	K	S	O	L	L	M	K	T	N
C	L	O	A	A	U	C	T	R	A	A	Y	D	E	E
E	U	W	L	S	E	G	M	E	N	T	T	I	O	N
E	K	L	T	S	O	R	E	M	U	N	W	N	R	H
U	L	O	T	T	U	V	U	U	S	G	H	Z	I	N
L	O	D	D	R	E	T	T	G	N	J	G	Y	A	P

KORKEUS
KULMA
LASKEMINEN
YMPYRÄ
KÄYRÄ
HALKAISIJA
ULOTTUVUUS
YHTÄLÖ
LOGIIKKA
MEDIAANI
NUMERO
VAAKA
RINNAKKAINEN
OSA
SEGMENTTI
SYMMETRIA
PINTA
TEORIA
KOLMIO
LODDRETT

83 - Edifici

L	B	A	H	Y	M	S	A	I	R	A	A	L	A	I
A	Y	O	U	L	W	U	D	C	T	Y	C	I	O	M
B	S	B	O	I	F	T	S	B	Z	E	W	F	I	L
O	S	S	N	O	A	E	O	E	H	U	H	G	O	U
R	T	E	E	P	U	K	N	R	O	H	Y	D	S	A
A	A	R	I	I	L	R	L	A	N	N	I	L	A	R
T	D	V	S	S	I	A	S	V	K	I	L	E	T	S
O	I	A	T	T	V	M	U	U	U	K	L	J	T	N
R	O	T	O	O	O	R	S	K	Z	K	E	D	L	Y
I	N	O	I	L	L	E	T	O	H	Ö	T	G	E	H
O	K	R	O	Y	N	P	L	L	I	M	S	L	T	B
U	O	I	G	M	I	U	T	E	S	L	O	F	L	Q
G	U	O	Y	K	S	S	L	A	T	O	H	E	L	Q
L	L	T	E	A	T	T	E	R	I	F	R	C	S	Y
Z	U	L	Ä	H	E	T	Y	S	T	Ö	R	G	O	R

LÄHETYSTÖ
HUONEISTO
MÖKKI
LINNA
ELOKUVA
TEHDAS
LATO
HOTELLI
LABORATORIO
MUSEO
SAIRAALA
OBSERVATORIO
HOSTELLI
KOULU
STADION
SUPERMARKET
TEATTERI
TELTTA
TORNI
YLIOPISTO

84 - Malattia

M	K	K	V	C	H	M	A	I	G	R	E	L	L	A
F	R	Q	J	A	J	R	V	M	T	H	P	E	Z	M
M	O	K	H	U	E	K	M	M	A	E	E	E	M	O
G	O	M	S	N	N	V	K	U	R	N	R	U	D	O
V	N	S	G	Y	Y	O	U	N	T	G	I	B	V	R
V	I	B	P	O	D	H	M	I	T	I	N	A	C	D
A	N	W	C	Y	R	Ä	N	T	U	T	N	K	P	N
T	E	D	Y	Z	V	J	N	E	V	Y	Ö	T	T	Y
S	N	K	H	G	V	M	Q	E	A	S	L	E	E	S
A	A	Q	E	J	T	E	G	T	E	V	L	E	R	V
F	F	Q	U	H	L	O	R	T	C	Z	I	R	V	E
J	R	Y	G	I	O	K	K	I	E	H	N	I	E	Z
N	E	U	R	O	P	A	T	I	A	O	E	L	Y	T
A	K	U	U	T	T	I	V	T	Y	M	N	K	S	F
L	U	M	B	A	L	E	T	U	L	E	H	D	U	S

AKUUTTI
VATSA
ALLERGIA
BAKTEERI
TARTTUVA
KEHO
KROONINEN
SYDÄN
HEIKKO
PERINNÖLLINEN
IMMUNITEETTI
TULEHDUS
LUMBALE
NEUROPATIA
KEUHKO
HENGITYS
TERVEYS
SYNDROOMA

85 - Paesi #2

O	D	K	S	M	A	G	E	V	V	M	T	I	I	G
N	J	D	N	Z	P	K	P	Y	C	E	K	M	N	I
P	E	D	D	S	Z	A	I	P	O	I	T	E	D	I
S	Y	Y	R	I	A	H	L	D	L	W	B	C	O	R
Q	S	G	Q	M	E	T	N	B	W	V	L	Y	N	L
A	Y	O	A	N	E	P	A	L	A	B	T	M	E	A
K	A	D	N	A	G	U	Ä	J	Ä	N	E	V	S	N
I	R	M	B	T	O	A	I	I	B	A	I	K	I	T
A	V	E	A	S	H	A	I	T	I	D	A	A	A	I
M	Y	E	I	I	C	F	K	U	G	U	F	W	K	Y
A	M	T	R	K	G	Q	N	B	F	S	T	O	S	V
J	H	Z	E	A	K	J	A	P	A	N	I	D	N	R
B	T	A	B	P	D	A	N	I	A	R	K	U	A	E
C	O	K	I	S	K	E	M	L	A	O	S	A	T	D
W	F	V	L	S	C	N	I	G	E	R	I	A	B	G

ALBANIA
TANSKA
ETIOPIA
JAMAIKA
JAPANI
KREIKKA
HAITI
INDONESIA
IRLANTI
LAOS
LIBERIA
MEKSIKO
NEPAL
NIGERIA
PAKISTAN
VENÄJÄ
SYYRIA
SUDAN
UKRAINA
UGANDA

86 - Tipi di Capelli

T	P	M	Z	I	O	V	N	E	S	G	I	R	T	G
G	T	A	R	A	H	I	K	J	J	C	T	L	E	G
W	V	E	K	T	Y	H	Y	L	J	T	J	O	R	C
C	V	P	A	S	P	N	E	J	N	G	P	P	V	I
K	A	O	U	U	U	E	K	L	E	D	U	E	E	D
B	H	H	T	M	J	N	Y	U	N	C	N	H	R	A
E	H	A	Ä	E	L	I	S	T	I	T	O	M	U	K
D	H	R	R	Z	A	O	W	T	L	V	S	E	S	G
S	P	A	J	M	K	K	C	O	L	T	A	Ä	K	C
W	Z	H	G	T	A	L	Y	N	I	L	E	K	E	Q
A	R	I	H	U	E	A	J	U	R	L	L	T	A	M
V	M	K	D	H	U	V	L	P	Ä	C	A	I	M	R
U	V	W	Q	L	I	G	K	L	V	V	A	P	F	Z
H	H	O	H	U	T	L	U	E	E	S	V	D	I	A
O	G	N	O	M	M	L	K	H	H	B	J	E	A	U

HOPEA
KUIVA
VALKOINEN
VAALEA
LYHYT
KALJU
VÄRILLINEN
HARMAA
PUNOTTU
SILEÄ
PITKÄ
RUSKEA
PEHMEÄ
MUSTA
KIHARA
KIHARAT
TERVE
OHUT
PAKSU
PUNOS

87 - Vestiti

K	A	U	L	A	K	O	R	U	K	I	L	T	V	S
U	P	F	W	O	M	D	N	Å	B	M	R	A	I	U
R	R	D	A	Z	V	V	C	Ä	K	N	E	K	L	K
D	S	A	L	R	M	Q	Q	P	Ä	S	E	K	L	A
M	U	O	T	I	K	W	A	Y	S	A	G	I	A	T
M	E	K	K	O	V	U	L	J	I	N	B	V	P	K
N	Q	D	V	B	W	O	T	A	N	D	B	I	A	Z
Y	O	T	P	H	O	P	Q	M	E	A	G	U	I	F
H	O	U	S	U	T	U	L	A	E	A	T	H	T	E
H	A	M	E	O	W	S	M	V	T	L	E	H	A	U
E	Q	R	V	K	O	E	A	N	I	I	L	I	S	E
H	A	T	T	U	P	R	B	M	T	T	A	Y	G	H
D	P	J	V	Y	Ö	O	O	Q	H	B	Z	P	C	T
H	Q	D	W	I	T	L	T	G	C	R	K	W	C	L
U	A	K	P	F	P	M	C	G	Y	D	O	I	V	D

MEKKO
ARMBÅND
SUKAT
PUSERO
PAITA
HATTU
VYÖ
KAULAKORU
TAKKI
HAME
ESILIINA
KÄSINEET
FARKUT
VILLAPAITA
MUOTI
HOUSUT
PYJAMA
SANDAALIT
KENKÄ
HUIVI

88 - Attività e Tempo Libero

M	G	U	O	R	K	O	R	I	P	A	L	L	O	V
P	O	I	I	S	E	U	D	P	T	E	N	N	I	S
K	L	M	Y	L	T	N	Z	D	K	T	N	J	B	U
A	F	A	S	L	K	O	T	M	Y	W	D	V	S	A
L	W	L	Y	A	Z	R	K	O	M	H	T	E	I	L
A	O	E	H	B	L	I	B	S	U	K	T	H	Y	A
S	U	L	L	E	A	V	T	P	E	T	Y	M	Y	A
T	B	Z	L	S	B	D	A	J	C	T	T	V	J	M
U	T	U	Q	A	K	V	I	W	J	J	L	A	A	D
S	W	Z	D	B	P	N	D	A	R	U	B	H	V	P
T	N	F	B	J	W	O	E	Q	Y	K	F	D	W	A
C	K	T	E	S	K	U	T	S	A	R	R	A	H	T
U	D	C	E	N	F	M	G	N	I	P	M	A	C	O
Q	U	L	I	A	T	U	A	L	E	N	I	A	L	N
J	A	L	K	A	P	A	L	L	O	L	F	T	D	L

TAIDE
BASEBALL
KORIPALLO
JALKAPALLO
CAMPING
VAELLUS
GOLF
HARRASTUKSET
UIMA
LENTOPALLO
KALASTUS
MAALAUS
RENTOUTTAVA
OSTOKSET
LAINELAUTAILU
TENNIS

89 - Tecnologia

D	T	B	H	E	O	T	S	I	M	L	E	J	H	O
I	Z	I	B	Z	T	Y	U	O	F	B	P	T	N	T
G	A	R	E	M	A	K	K	T	D	E	Y	A	Ä	I
I	G	R	K	D	F	V	C	S	K	U	D	V	Y	E
T	D	C	C	S	O	F	W	O	T	I	R	U	T	T
A	B	L	O	G	I	T	T	D	I	L	M	A	T	O
A	D	J	K	T	E	N	R	E	T	N	I	U	Ö	K
L	T	U	R	V	A	L	L	I	S	U	U	S	S	O
I	R	O	S	R	U	K	A	T	E	R	I	D	F	N
N	V	I	R	T	U	A	A	L	I	N	E	N	O	E
E	I	V	I	R	U	S	D	P	V	Y	U	T	N	U
N	E	A	T	I	L	A	S	T	O	T	C	U	T	O
V	S	G	L	L	G	N	Z	Y	U	S	G	A	T	D
F	G	P	F	E	T	L	P	M	T	P	O	B	I	W
Z	M	Y	H	J	S	P	A	Z	V	Z	Y	Q	K	H

BLOGI
SELAIN
TAVUA
TIETOKONE
KURSORI
TIEDOT
DIGITAALINEN
TIEDOSTO
FONTTI
INTERNET
VIESTI
TUTKIMUS
NÄYTTÖ
TURVALLISUUS
OHJELMISTO
TILASTOT
KAMERA
VIRTUAALINEN
VIRUS

90 - Meteo

U	M	F	T	U	U	L	I	R	L	U	S	R	R	L
S	M	O	T	S	A	M	L	I	Ä	K	A	A	E	K
N	P	O	N	H	D	N	G	D	M	K	T	U	T	U
K	W	Y	K	S	R	Y	M	J	P	O	E	H	A	I
S	D	N	Y	T	U	W	Y	Ä	Ö	N	E	A	I	V
I	V	L	I	P	O	U	O	Ä	T	E	N	L	V	U
N	M	I	K	B	G	R	N	N	I	N	K	L	A	U
A	M	A	L	A	S	R	N	I	L	R	A	I	S	S
A	I	B	K	M	Z	J	S	A	A	A	A	N	W	H
K	U	I	V	A	A	F	T	I	D	L	R	E	Z	K
I	M	J	U	U	S	I	A	W	T	O	I	N	V	M
R	U	Y	C	A	N	E	N	I	P	P	O	O	R	T
R	S	Z	J	B	E	E	N	E	K	I	D	N	C	P
U	J	P	B	B	Y	M	S	H	N	C	P	I	O	E
H	L	N	J	P	W	W	I	I	H	Q	H	N	C	K

SATEENKAARI
KUIVA
ILMAINEN
RAUHALLINEN
TAIVAS
ILMASTO
SALAMA
JÄÄN
MONSUUNI
SUMU
PILVI
POLAR
KUIVUUS
LÄMPÖTILA
MYRSKY
TORNADO
TROOPPINEN
UKKONEN
HURRIKAANI
TUULI

91 - Corpo Umano

O	E	C	I	A	L	U	A	K	S	O	R	M	I	V
K	L	Y	W	H	B	R	K	Ä	M	L	I	S	W	A
S	N	K	Q	G	Z	Y	U	S	N	S	W	D	K	T
S	Q	R	A	J	Z	V	E	I	R	E	V	T	L	S
Y	G	A	K	P	D	H	L	J	H	S	N	C	Z	A
V	W	G	L	I	Ä	K	A	S	V	O	T	W	J	V
I	L	R	A	U	Ä	Ä	P	T	D	S	K	R	R	R
H	R	B	J	C	P	R	A	W	I	I	M	Y	F	O
S	M	Y	G	E	R	U	R	B	O	R	T	U	B	K
G	I	H	O	T	Ä	K	S	Q	B	J	P	N	N	N
D	T	R	C	T	N	S	P	T	C	T	F	M	P	T
P	Z	H	P	Z	Y	Y	Z	O	Y	E	A	E	N	R
S	U	U	M	N	Y	D	S	V	L	S	M	G	J	S
G	W	V	U	E	K	Ä	N	I	A	V	D	B	R	A
N	I	L	K	K	A	N	R	A	R	P	I	Y	V	Z

SUU
NILKKA
AIVOT
KAULA
SYDÄN
SORMI
KASVOT
JALKA
POLVI
KYYNÄRPÄÄ
KÄSI
LEUKA
NENÄ
SILMÄ
KORVA
IHO
VERI
OLKAPÄÄ
VATSA
PÄÄ

92 - Mammiferi

G	I	V	H	A	R	I	K	H	Ä	R	K	Ä	Y	M
O	N	L	C	P	N	S	O	G	H	K	K	A	N	I
R	I	E	D	I	G	U	J	U	T	R	I	Q	K	B
I	I	I	R	N	Z	S	O	E	P	U	H	S	Q	V
L	F	J	L	A	R	I	O	K	T	K	N	C	S	J
L	L	O	I	A	M	Y	T	O	Y	Q	W	L	A	A
A	E	N	M	N	M	Z	T	I	H	V	B	A	I	R
E	D	A	T	M	H	M	I	V	A	L	A	S	N	U
S	E	A	I	O	Z	E	A	N	I	J	R	Q	I	E
K	E	N	G	U	R	U	V	S	B	H	P	N	W	P
Q	B	T	K	H	R	S	A	O	C	D	E	C	K	V
Q	V	D	E	R	F	R	C	B	N	C	E	D	Z	L
C	J	U	T	A	Z	O	T	E	I	E	S	C	N	F
G	T	P	T	K	F	N	C	G	E	S	N	Z	W	F
N	F	L	U	I	E	E	P	U	A	F	T	D	U	H

VALAS
KOIRA
KENGURU
HEVONEN
PEURA
KANI
KOJOOTTI
DELFIINI
NORSU
KISSA

KIRAHVI
GORILLA
LEIJONA
SUSI
KARHU
LAMMAS
APINA
HÄRKÄ
KETTU
SEEPRA

93 - Cucina

K	J	J	J	S	P	V	H	O	F	K	U	J	W	Z
U	A	A	A	A	N	I	I	L	S	A	T	U	A	L
P	Q	I	V	G	H	A	L	J	U	U	A	G	E	P
I	V	K	U	P	W	R	K	H	Q	H	G	R	T	U
T	T	E	A	L	I	T	T	A	K	A	C	I	Y	R
H	E	D	I	N	U	U	P	L	K	F	O	L	J	K
C	E	N	N	T	N	D	P	Y	F	O	Y	L	Ä	K
S	T	A	K	I	S	U	L	V	I	H	U	I	Ä	I
H	S	C	I	T	P	E	S	E	R	L	Q	R	K	Z
O	U	I	T	B	Z	M	T	V	P	U	Z	E	A	Z
A	A	P	A	K	A	S	T	I	N	K	S	L	A	Q
P	M	E	S	I	L	I	I	N	A	E	I	F	P	D
S	Y	Ö	M	Ä	P	U	I	K	O	T	E	A	P	T
I	K	S	U	E	O	H	G	U	M	B	N	G	I	F
N	Z	Y	B	C	B	U	H	P	F	W	I	Z	D	Z

SYÖMÄPUIKOT
KATTILA
KANNU
RUOKA
KULHO
VEITSET
PAKASTIN
LUSIKAT
GAFLER
UUNI
JÄÄKAAPPI
ESILIINA
GRILLI
KAUHA
RESEPTI
MAUSTEET
SIENI
KUPIT
LAUTASLIINA
PURKKI

94 - Universo

H	K	I	P	D	T	K	N	Ä	K	Y	V	Ä	A	Z
A	O	L	W	P	N	A	Y	Z	Q	S	S	D	U	C
L	S	M	Y	M	Q	U	K	Z	K	F	V	D	R	W
V	M	A	E	O	N	K	R	Q	Q	K	U	D	I	U
K	I	I	T	T	N	O	S	I	R	O	H	U	N	B
U	N	N	P	K	N	P	E	R	F	Y	D	F	K	S
L	E	E	S	A	U	U	T	E	C	S	C	V	O	H
E	N	N	B	A	E	T	S	A	S	Y	E	V	E	L
C	B	T	O	V	V	K	Z	J	A	Y	D	V	G	F
K	Z	I	V	K	D	I	D	I	O	R	E	T	S	A
U	P	I	T	U	U	S	A	S	T	E	F	M	W	O
U	G	A	L	A	K	S	I	T	H	O	H	N	I	D
F	T	A	J	A	A	S	A	T	N	Ä	V	I	Ä	P
P	Ä	I	V	Ä	N	S	E	I	S	A	U	S	T	Y
T	A	I	V	A	A	L	L	I	N	E	N	E	M	M

ASTEROIDI
ILMAINEN
PIMEYS
TAIVAALLINEN
TAIVAS
KOSMINEN
HALVKULE
EON
PÄIVÄNTASAAJA
GALAKSI
LEVEYSASTE
PITUUSASTE
KUU
HORISONTTI
AURINKO
PÄIVÄNSEISAUS
KAUKOPUTKI
NÄKYVÄ

95 - Jazz

I	R	E	T	S	E	K	R	O	Z	N	L	L	K	L
M	L	S	Ä	V	E	L	T	Ä	J	Ä	Y	A	N	M
P	R	Y	T	E	K	N	I	I	K	K	A	U	P	U
R	B	K	Y	I	S	E	A	M	J	H	O	L	D	T
O	E	U	R	T	B	V	A	U	S	O	F	U	F	S
V	G	U	Y	T	I	Z	E	D	I	Q	H	Q	E	J
I	P	L	T	R	A	J	I	L	I	E	T	I	A	T
S	U	U	M	E	H	R	P	M	Z	U	O	D	J	P
A	A	I	I	S	O	R	V	A	U	E	O	N	W	M
A	Y	S	I	N	P	H	B	C	I	B	H	U	Q	R
T	K	A	T	O	Z	Q	I	I	P	N	L	A	J	I
I	Y	N	I	K	M	J	D	S	D	W	O	A	T	I
O	K	O	O	S	T	U	M	U	S	W	A	T	I	T
S	U	O	S	I	K	I	T	U	M	M	U	R	U	E
M	U	S	I	I	K	K	I	V	A	N	H	A	Z	S

ALBUMI
TAITEILIJA
RUMMUT
LAULU
SÄVELTÄJÄ
KOOSTUMUS
KONSERTTI
PAINOTUS
KUULUISA
LAJI
IMPROVISAATIO
MUSIIKKI
UUSI
ORKESTERI
SUOSIKIT
RYTMI
TYYLI
KYKY
TEKNIIKKA
VANHA

96 - Vacanze #2

R	U	L	Q	Y	V	E	C	R	T	S	T	V	P	H
A	L	Y	Q	K	E	D	A	A	N	H	A	Z	Z	K
V	K	Y	K	D	L	T	M	N	Z	P	V	A	Q	L
I	O	M	Q	N	T	P	P	T	N	C	U	A	R	N
N	M	U	U	F	M	N	I	A	K	Z	K	P	M	I
T	A	O	S	J	T	Z	N	U	S	A	V	A	K	S
O	A	U	N	L	E	W	G	F	E	H	R	V	U	S
L	L	M	O	Z	L	N	Y	S	Q	I	A	T	V	A
A	A	Q	T	P	T	A	I	H	C	V	I	R	T	P
M	I	U	V	V	T	T	K	O	L	O	M	A	E	A
E	N	G	O	U	A	A	T	T	U	L	U	O	K	L
R	E	D	H	O	K	L	F	E	A	Y	S	C	E	B
I	N	V	A	H	T	F	U	L	W	M	I	T	H	I
T	A	K	S	I	P	Y	R	L	S	L	I	B	H	I
K	U	L	J	E	T	U	S	I	S	R	V	I	V	W

LUFTHAVN
CAMPING
KOHDE
KUVAT
HOTELLI
SAARI
KARTTA
MERI
PASSI
RAVINTOLA
RANTA
ULKOMAALAINEN
TAKSI
VAPAA
TELTTA
KULJETUS
KOULUTTAA
LOMA
MATKA
VIISUMI

97 - Attività

K	K	B	U	Z	S	T	K	G	W	B	C	F	Z	A
D	E	F	F	E	S	U	A	V	U	K	O	L	A	V
P	E	L	I	T	F	O	L	I	P	T	C	C	T	T
L	L	K	S	U	A	L	A	A	M	D	E	A	N	A
H	O	A	V	S	Y	T	S	Ä	S	T	E	M	I	I
T	W	U	T	M	O	H	T	P	K	Q	W	P	M	K
H	D	N	W	A	I	I	U	S	Q	N	W	I	I	A
Z	U	E	C	V	I	Z	S	Z	M	B	N	N	O	A
V	E	N	E	E	T	T	T	A	I	D	E	G	T	N
J	Q	I	M	E	D	G	O	A	D	M	I	M	E	J
R	N	M	S	P	R	R	F	D	R	I	P	J	D	V
R	N	E	N	I	M	U	T	U	O	T	N	E	R	A
D	A	K	K	I	I	M	A	R	E	K	A	W	J	P
I	M	U	B	O	M	P	E	L	U	O	H	L	V	A
S	U	L	L	E	A	V	G	B	G	A	O	J	B	A

TAITO
TAIDE
VENEET
TOIMINTA
METSÄSTYS
CAMPING
KERAMIIKKA
OMPELU
VAELLUS
VALOKUVAUS
PELIT
ETU
LUKEMINEN
TAIKA
KALASTUS
ILO
MAALAUS
RENTOUTUMINEN
VAPAA

98 - Diplomazia

R	N	E	U	V	O	N	A	N	T	A	J	A	D	M
K	A	Ö	K	E	S	K	U	S	T	E	L	U	H	U
A	N	T	Q	H	N	J	Q	E	T	I	I	K	K	A
M	Y	S	K	A	E	R	E	G	R	O	B	G	G	R
P	H	Y	H	A	N	B	M	A	F	P	T	I	F	U
A	T	T	A	O	I	T	K	I	L	F	N	O	K	L
N	E	E	L	I	A	S	N	V	A	R	L	N	C	K
J	I	H	L	K	L	E	U	P	Ä	Ä	T	Ö	S	O
A	S	Ä	I	E	O	Y	H	W	U	O	K	R	S	M
T	T	L	T	U	T	L	H	E	I	J	I	C	O	A
A	Y	J	U	S	T	Y	B	T	Y	K	E	O	P	I
Q	Ö	I	S	N	I	S	A	O	E	S	L	R	I	N
U	J	F	V	J	I	Z	S	U	E	I	I	N	M	E
U	B	E	W	K	L	N	J	B	G	Z	S	J	U	N
T	U	R	V	A	L	L	I	S	U	U	S	Ö	S	T

LIITTOLAINEN
LÄHETYSTÖ
KAMPANJAT
BORGERE
YHTEISÖ
KONFLIKTI
NEUVONANTAJA
YHTEISTYÖ
KESKUSTELU
ETIIKKA
OIKEUS
HALLITUS
EHEYS
KIELI
PÄÄTÖS
TURVALLISUUS
RATKAISU
ULKOMAINEN
SOPIMUS

99 - Forniture Artistiche

H	U	G	L	Z	I	K	V	V	Z	W	O	L	M	L
T	U	O	L	I	D	Y	G	L	F	Y	Z	I	A	U
I	R	Ä	V	M	E	N	C	M	J	E	P	I	A	O
L	V	H	G	U	O	Ä	W	A	I	E	E	M	L	V
L	B	A	P	K	I	T	A	J	R	A	H	A	A	U
E	K	E	S	E	T	Y	H	P	E	O	T	G	U	U
R	B	J	Z	H	A	Ö	A	O	P	H	E	A	S	S
A	M	C	R	Y	C	P	K	P	A	M	E	K	T	K
V	H	U	W	Y	D	L	R	W	P	D	P	A	E	H
K	M	M	S	P	R	Y	Y	A	V	S	K	M	L	T
A	V	B	K	T	I	E	Y	C	F	D	J	E	I	R
O	R	Ö	Q	I	E	C	L	K	W	D	V	R	N	Z
D	I	L	P	T	M	D	I	S	E	V	D	A	E	L
Q	A	J	M	A	A	L	I	T	Y	D	I	A	F	K
O	C	Y	A	Y	W	F	I	P	C	A	M	T	A	G

VESI
AKVARELLIT
AKRYYLI
SAVI
PAPERI
MAALAUSTELINE
LIIMA
VÄRI
LUOVUUS
PYYHEKUMI
IDEOITA
MUSTE
KYNÄ
ÖLJY
TUOLI
HARJAT
PÖYTÄ
KAMERA
MAALIT

100 - Misurazioni

K	I	L	O	G	R	A	M	M	A	C	V	Q	Q	L
F	S	K	C	S	R	O	B	K	J	G	K	U	N	E
L	S	O	A	U	L	V	O	F	Y	V	S	U	T	V
I	N	R	F	U	V	A	T	P	E	Q	G	C	G	E
T	U	K	E	V	T	I	M	I	T	T	A	R	I	Y
R	V	E	N	A	W	R	N	M	S	F	E	E	T	S
A	B	U	E	L	D	T	W	R	A	G	T	Y	T	T
Q	R	S	Y	I	Y	E	W	D	D	R	Q	G	U	P
S	E	N	T	T	I	M	E	T	R	I	G	Q	U	I
T	O	N	N	I	Q	O	W	R	Y	T	V	T	N	T
R	P	Z	E	C	O	L	D	I	H	O	U	P	I	U
B	L	M	D	E	S	I	M	A	A	L	I	U	M	U
S	Y	V	Y	Y	S	K	H	M	A	S	S	A	M	S
F	U	W	K	F	H	D	P	A	I	N	O	O	D	A
R	Q	F	J	E	V	G	Y	A	Z	T	T	I	C	B

KORKEUS
TAVU
SENTTIMETRI
KILOGRAMMA
KILOMETRI
DESIMAALI
ASTE
GRAMMA
LEVEYS
LITRA
PITUUS
MASSA
MITTARI
MINUUTTI
UNSSI
PAINO
TUUMA
SYVYYS
TONNI
TILAVUUS

1 - Salute e Benessere #2

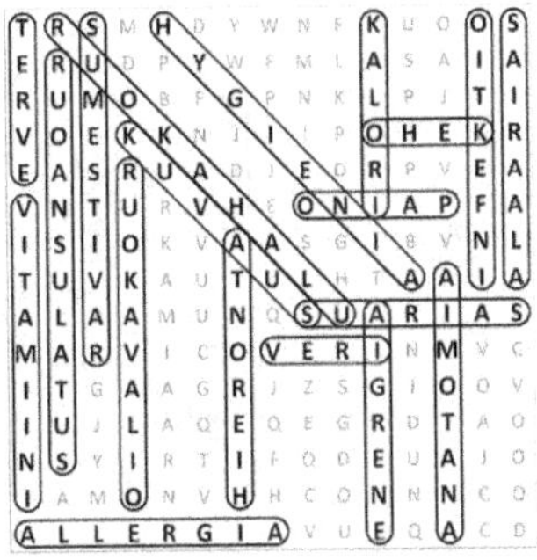

2 - Aggettivi #2

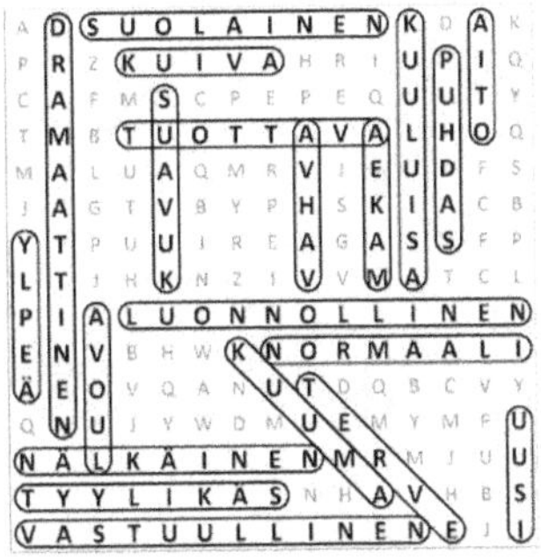

3 - Ingegneria

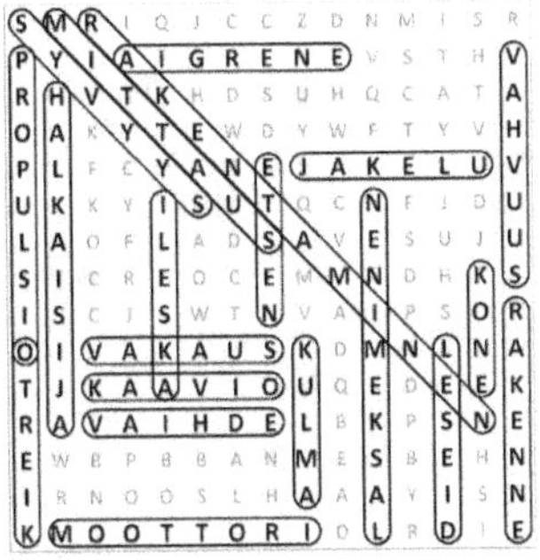

4 - Archeologia

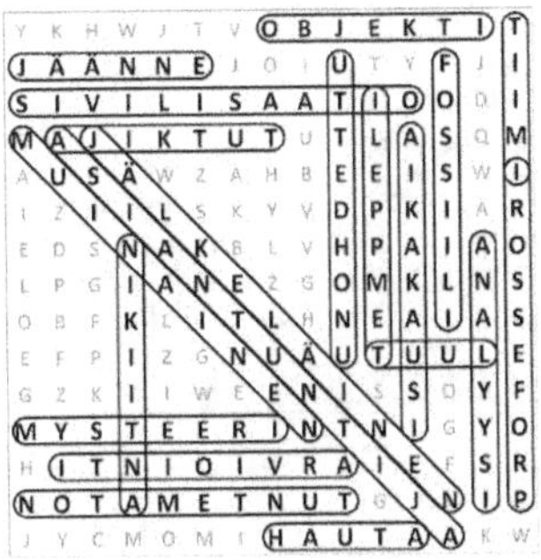

5 - Salute e Benessere #1

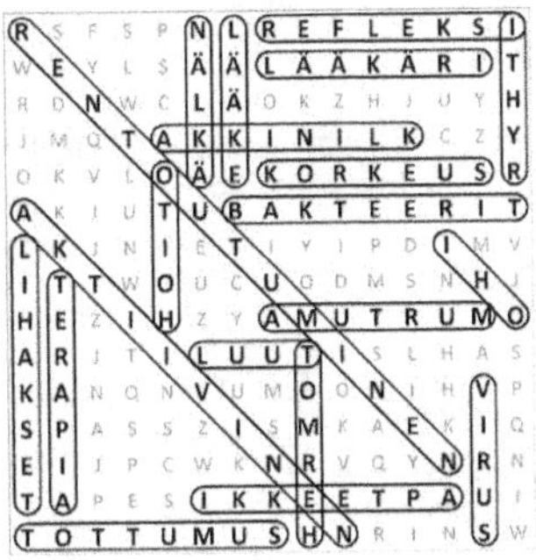

6 - Aggettivi #1

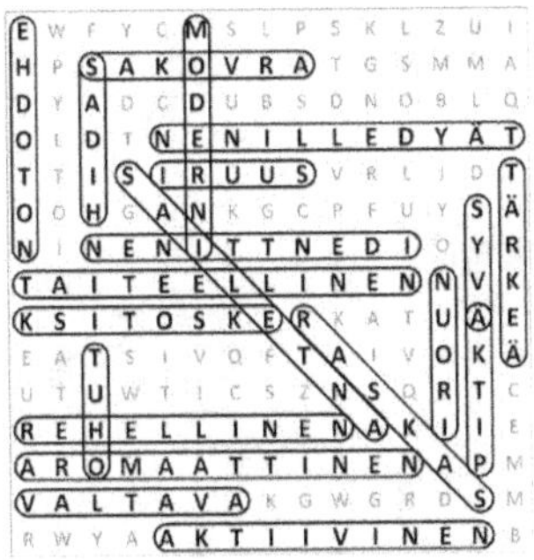

7 - Geologia

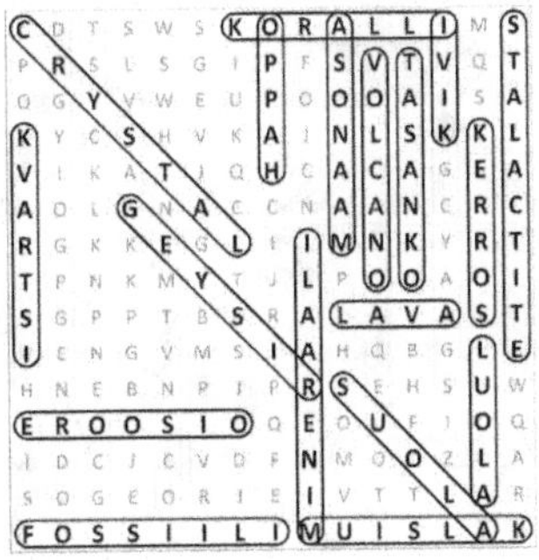

8 - Campeggio

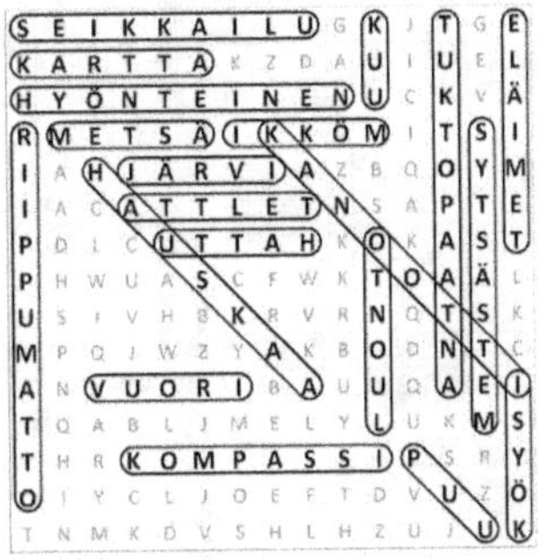

9 - Arti Visive

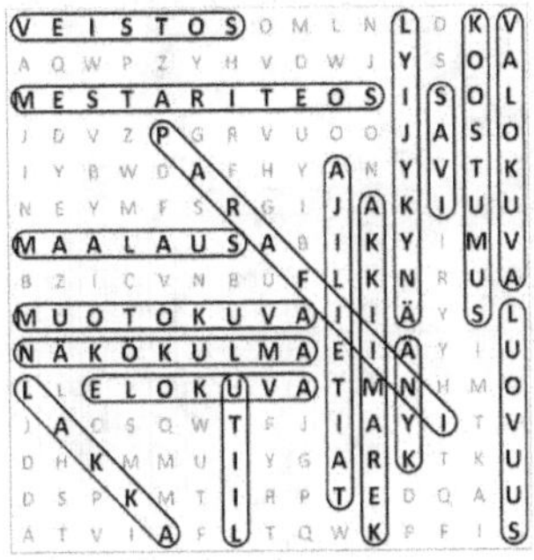

10 - Tempo

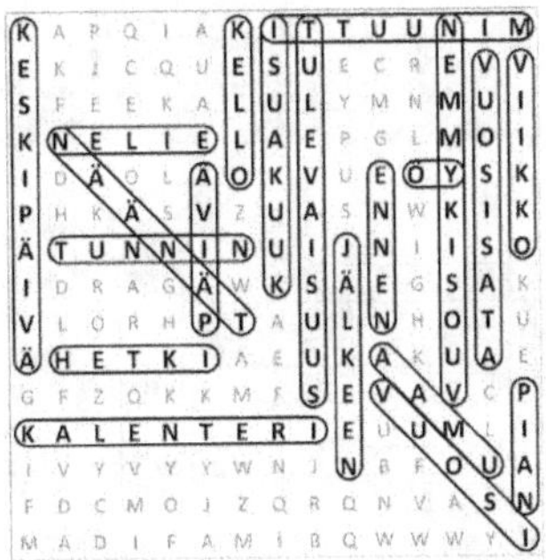

11 - Astronomia

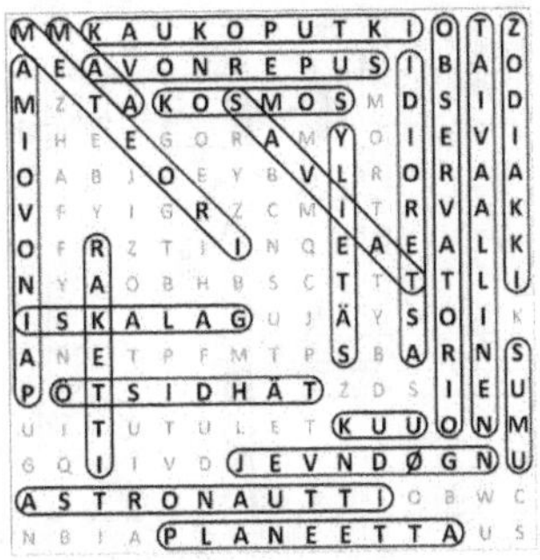

12 - Algebra

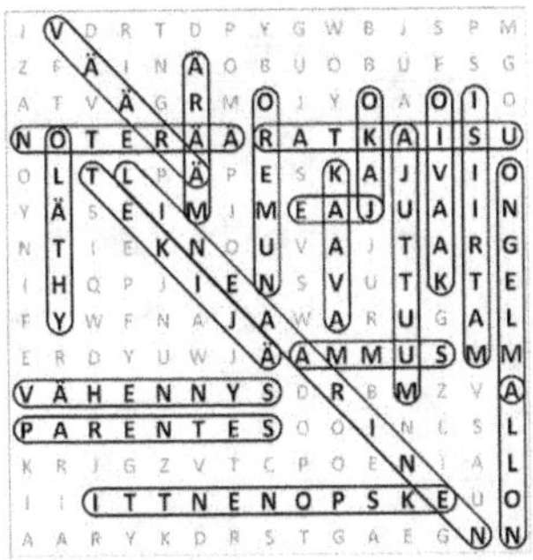

13 - Mitologia

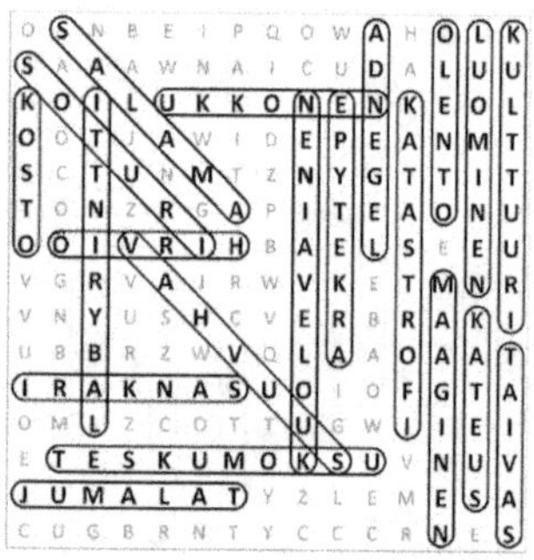

14 - Piante

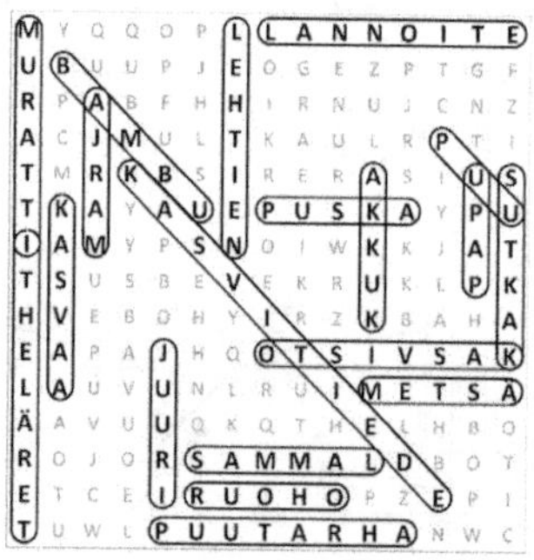

15 - Spezie

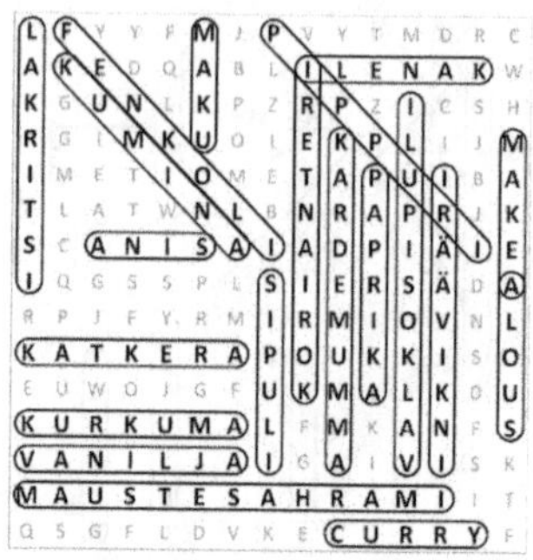

16 - Numeri

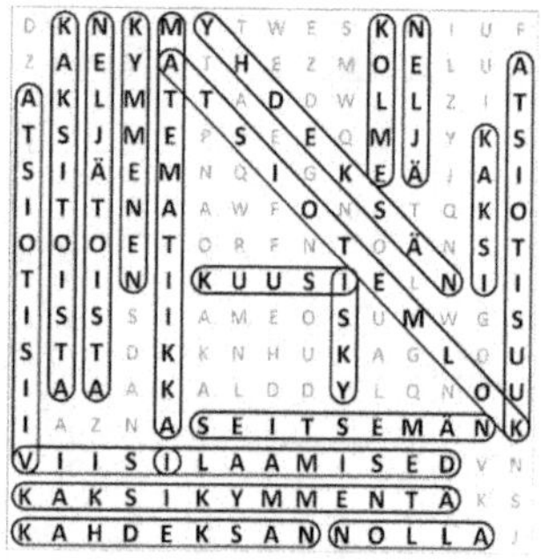

17 - Cioccolato

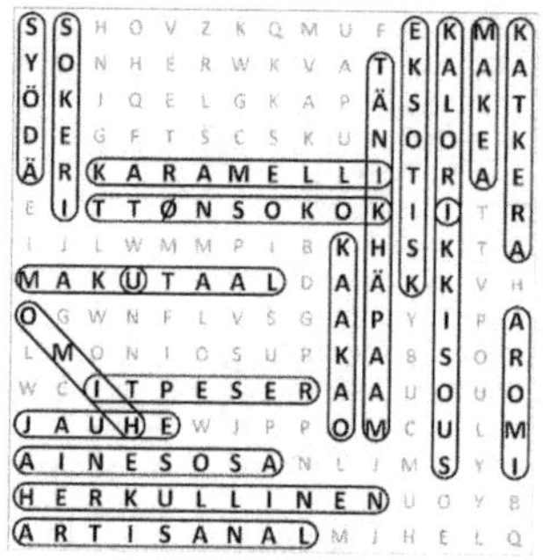

18 - Immigrazione

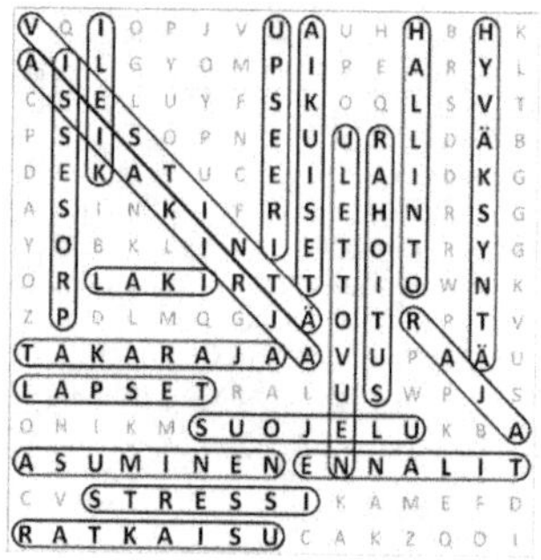

19 - Guida

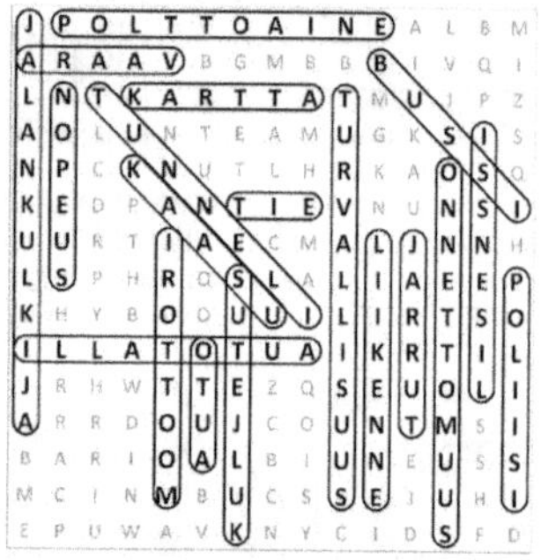

20 - I Media

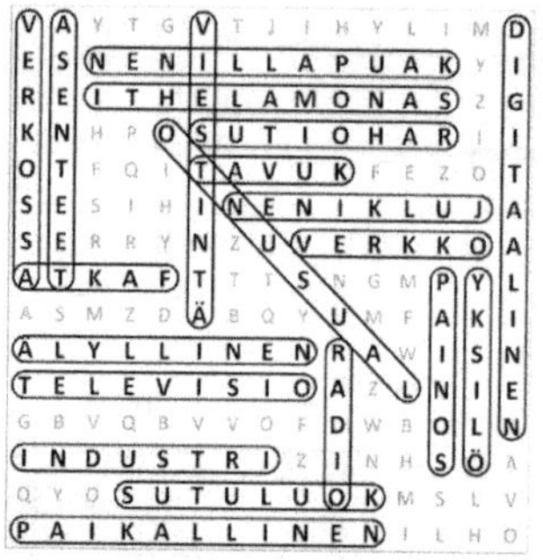

21 - Forza e Gravità

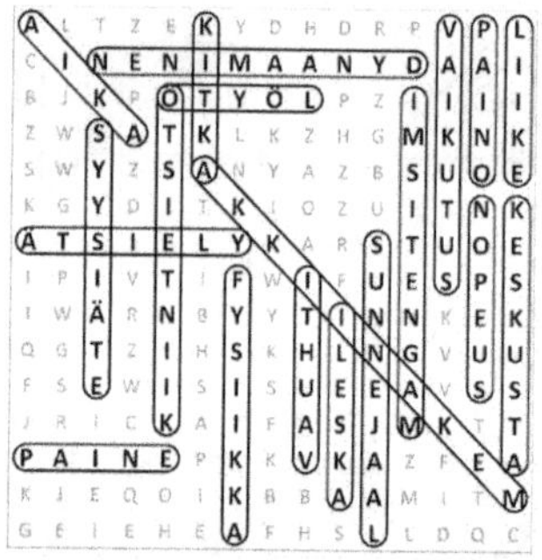

22 - Sport

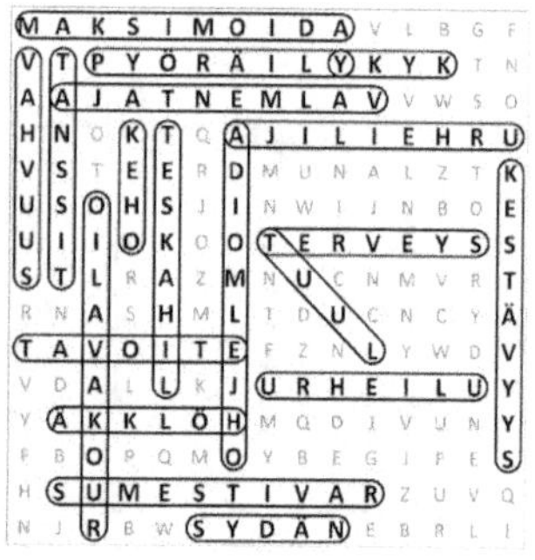

23 - Uccelli

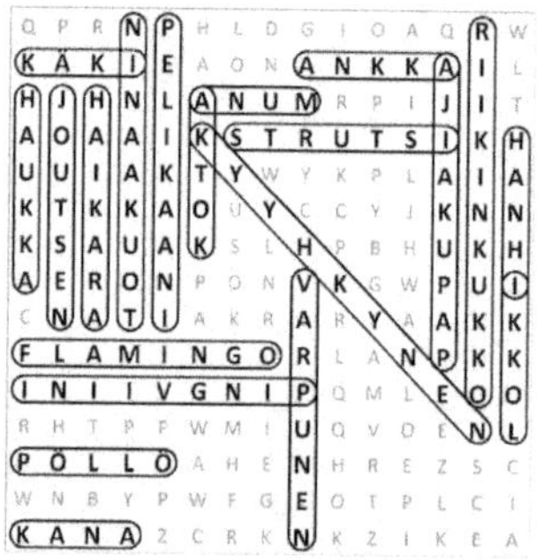

24 - Giorni e Mesi

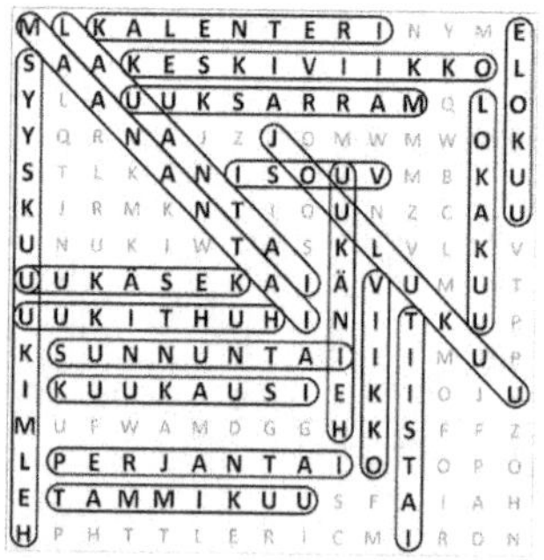

25 - Casa

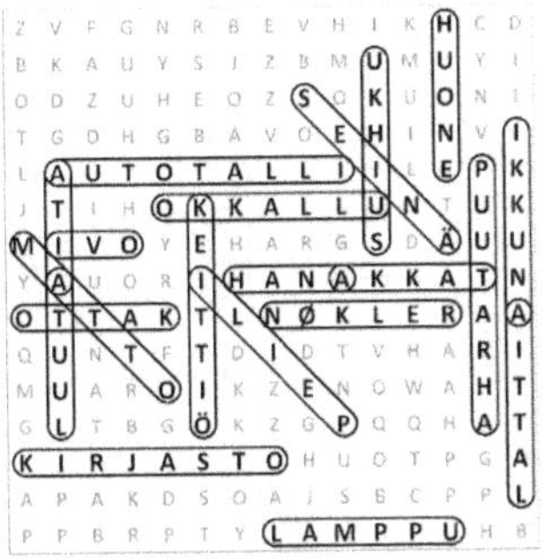

26 - Ristorante #1

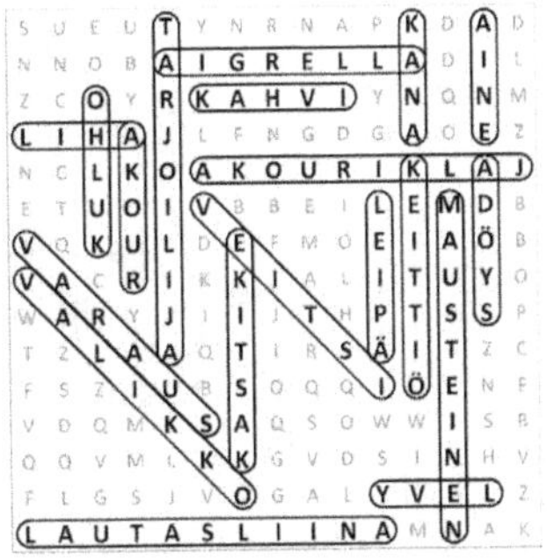

27 - Fantascienza

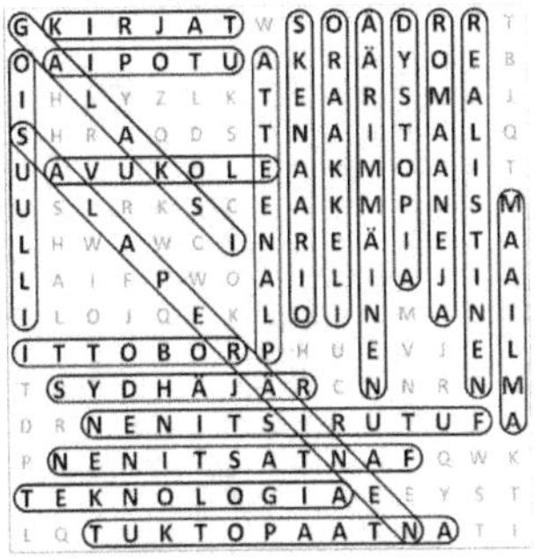

28 - Città

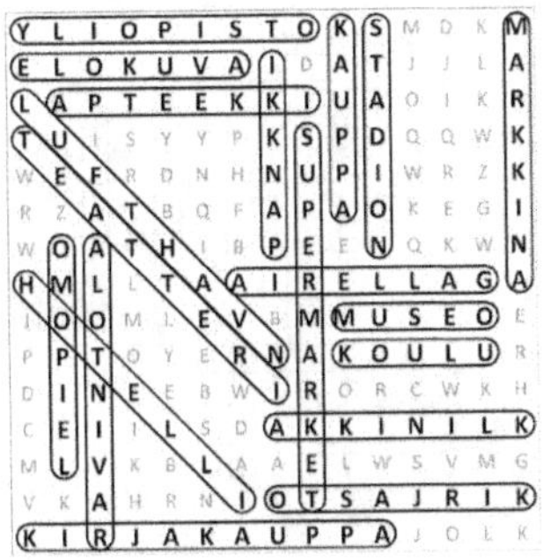

29 - Fattoria #1

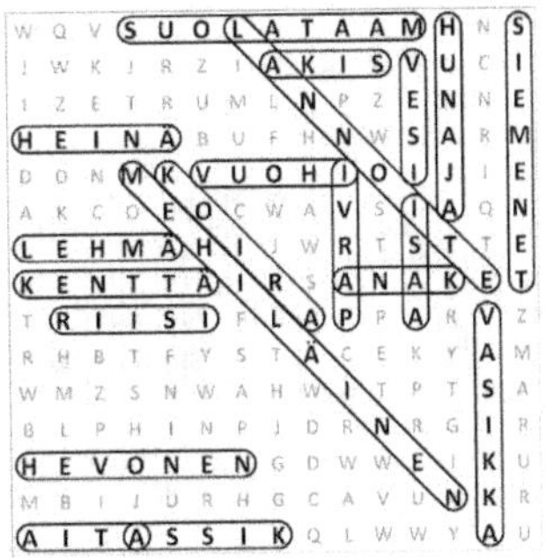

30 - Paesaggi

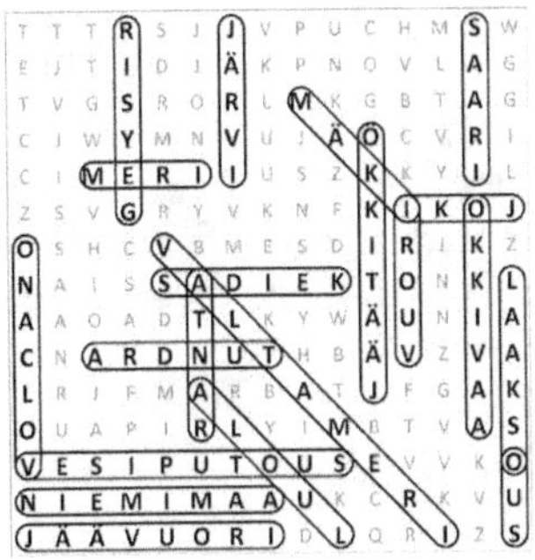

31 - Energia

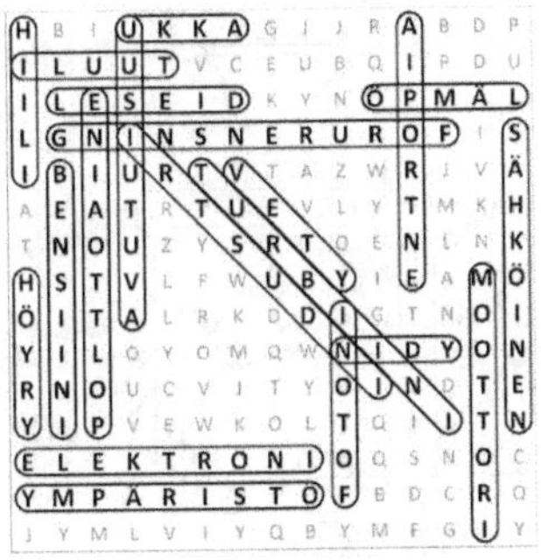

32 - Ristorante #2

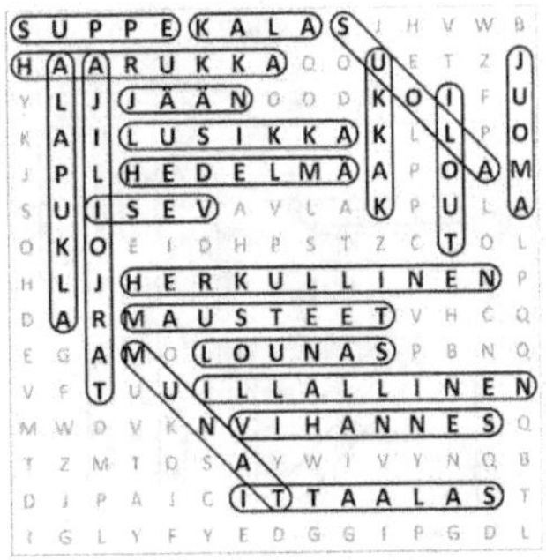

33 - Moda

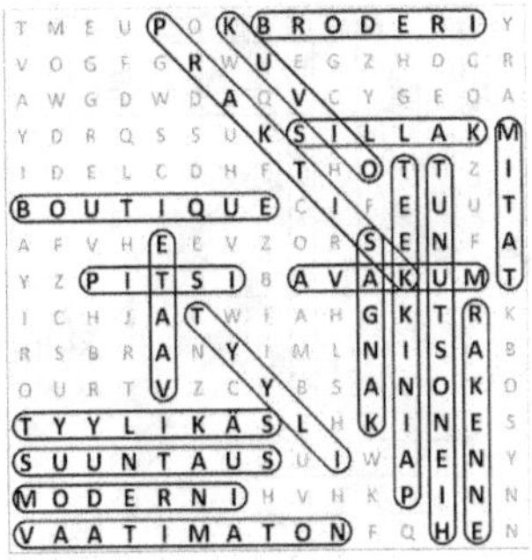

34 - Giardino

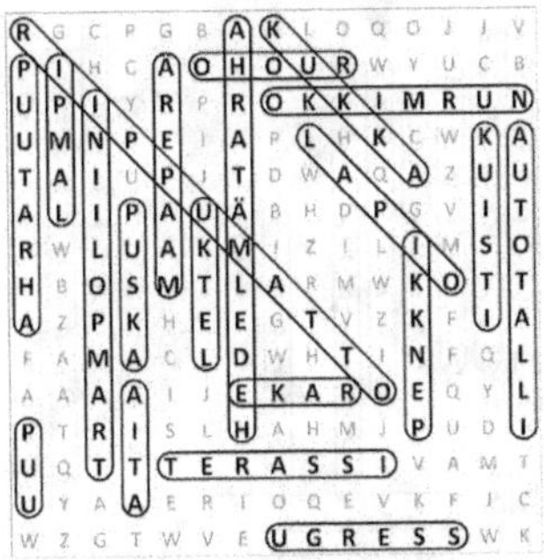

35 - Riscaldamento Gl

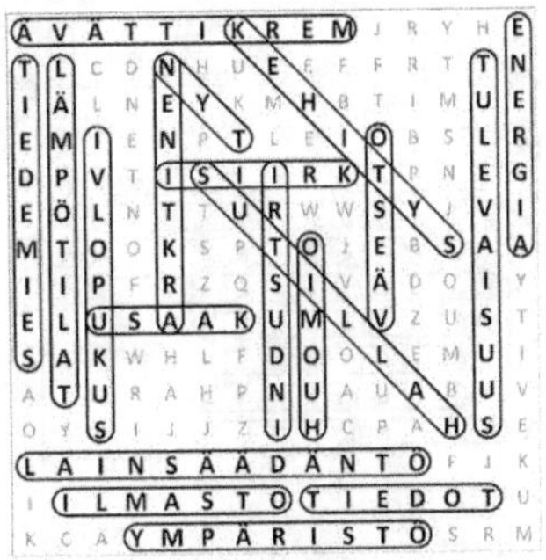

36 - Frutta

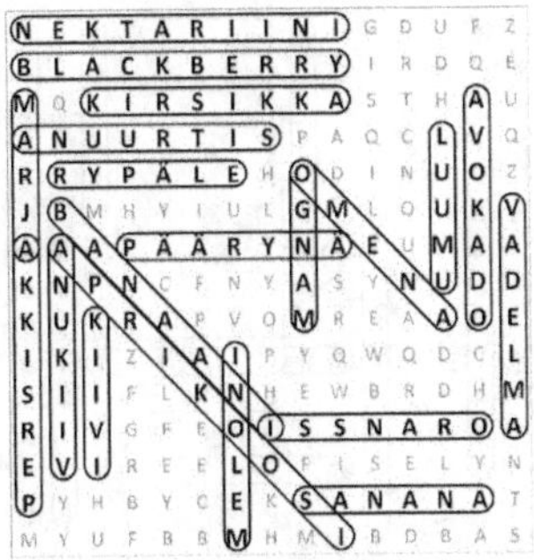

37 - Fattoria #2

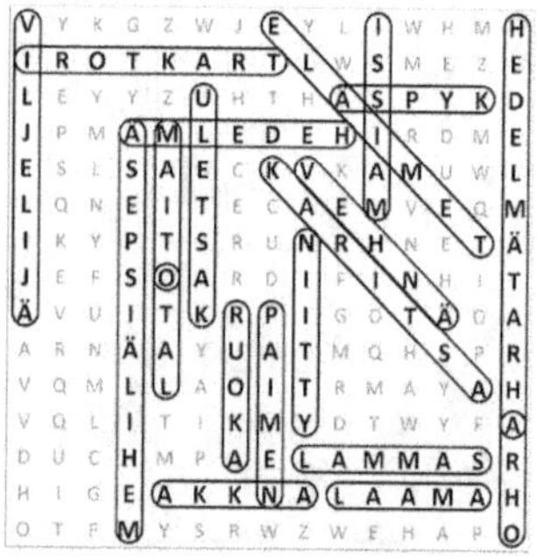

38 - Verdure

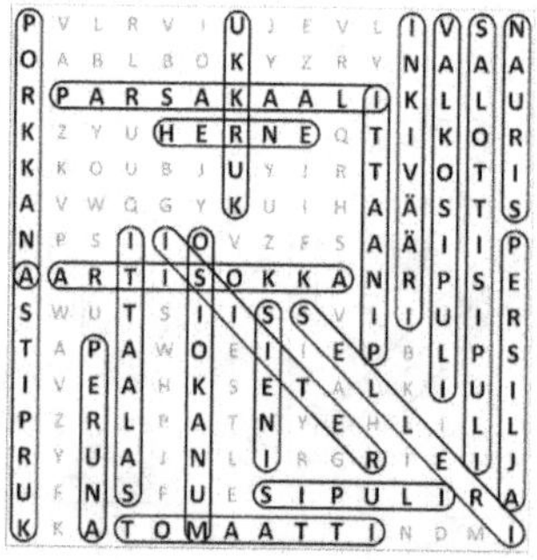

39 - Musica

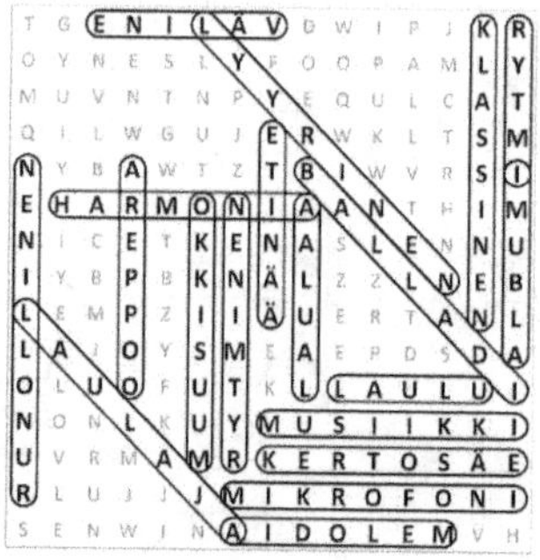

40 - Barbecue

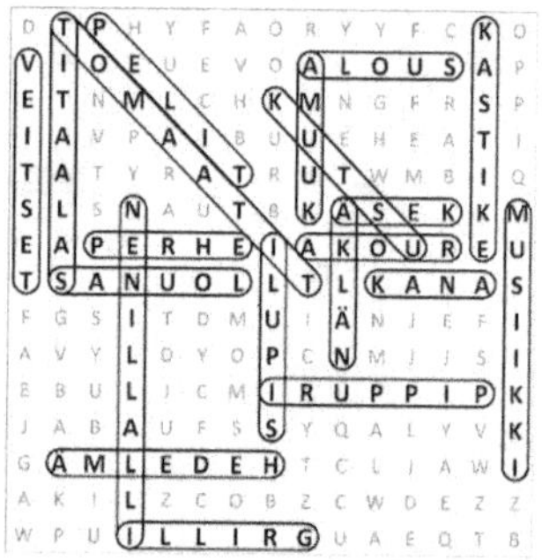

41 - Insetti

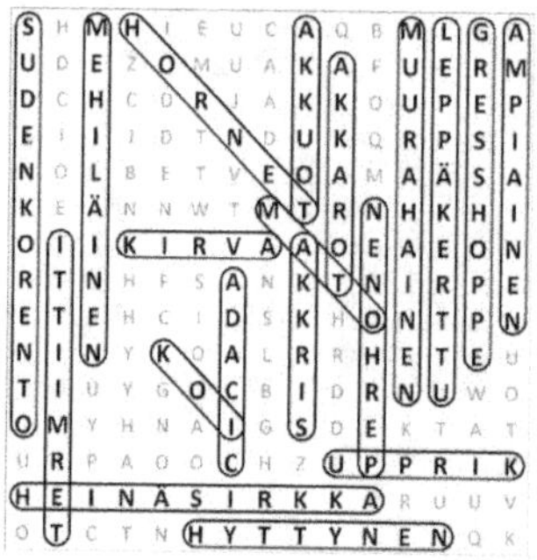

42 - Fisica

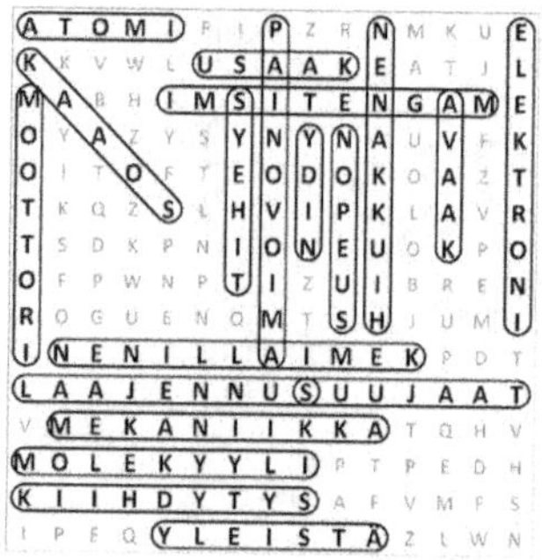

43 - Agronomia

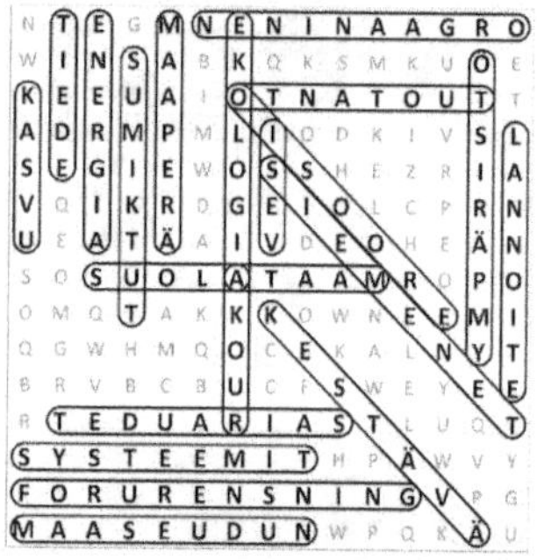

44 - Erboristeria

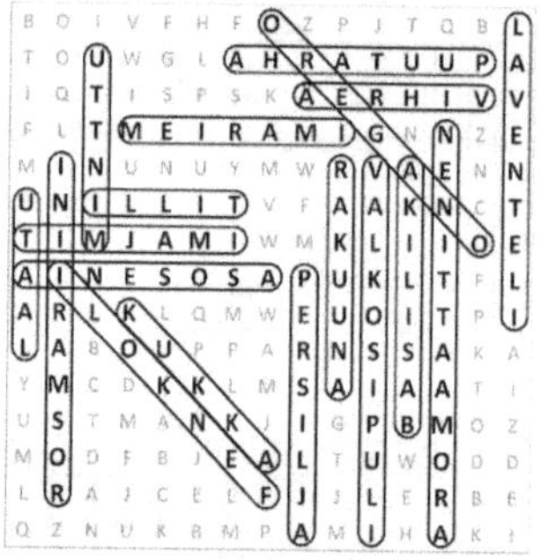

45 - Biologia

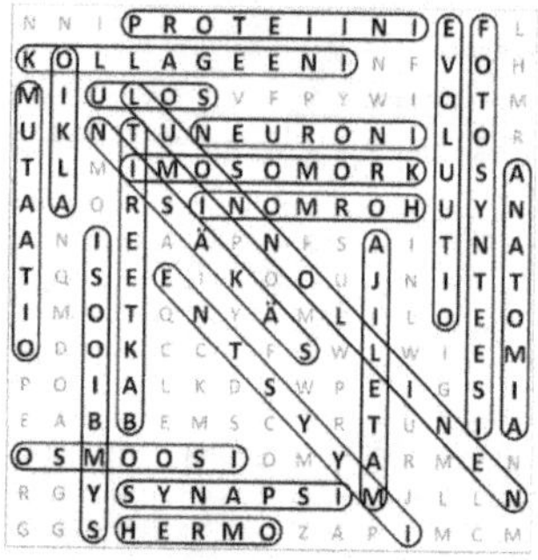

46 - Attività Commerciale

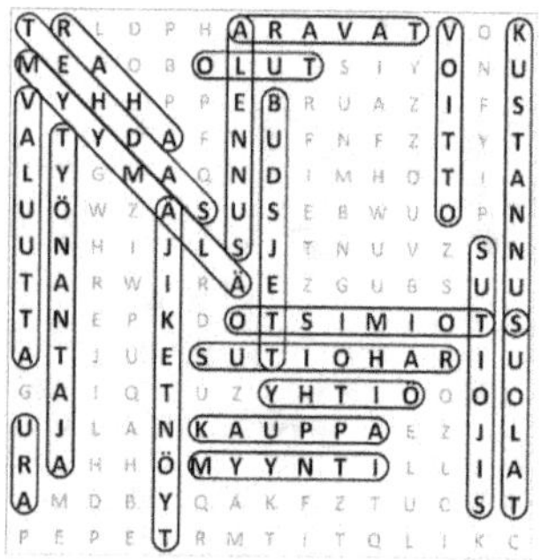

47 - Fiori

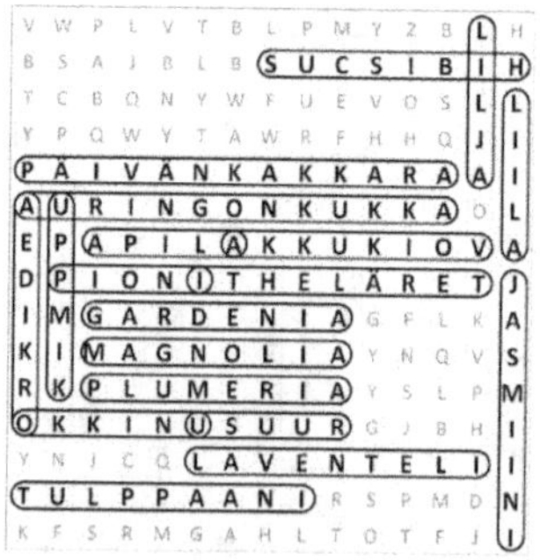

48 - Discipline Scientifiche

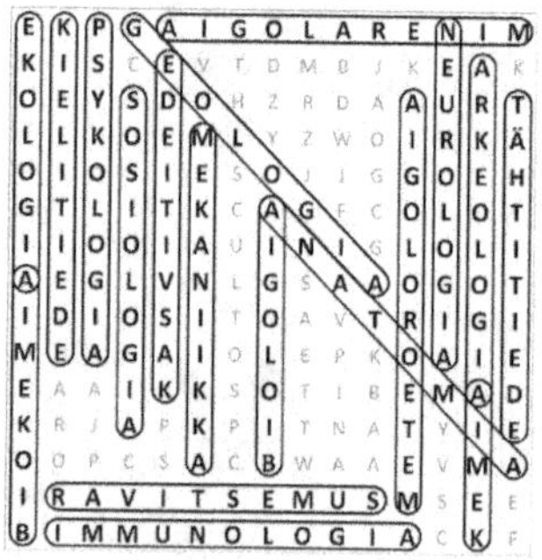

49 - Scienza

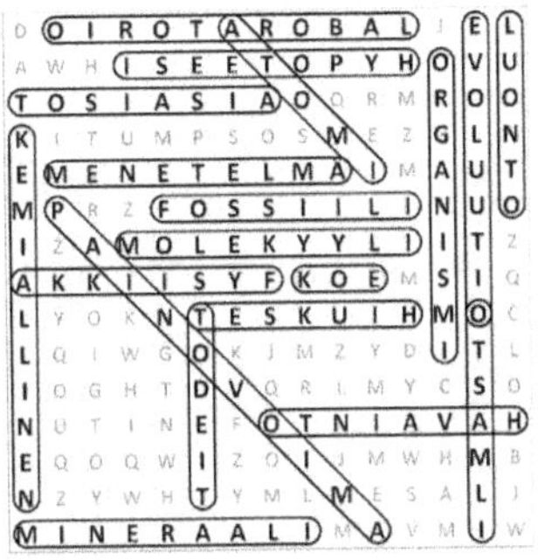

50 - Acqua

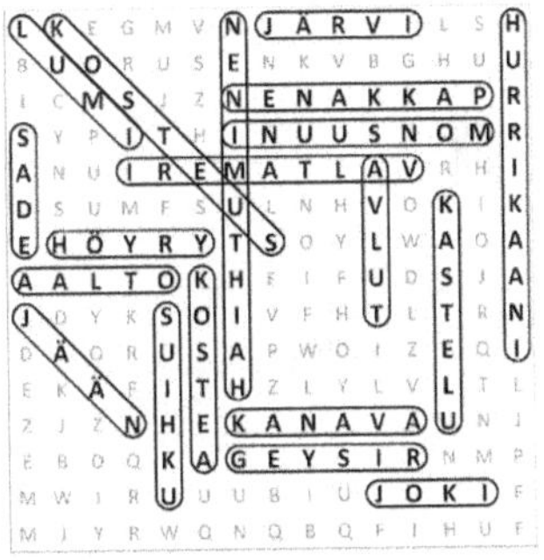

51 - Imbarcazioni

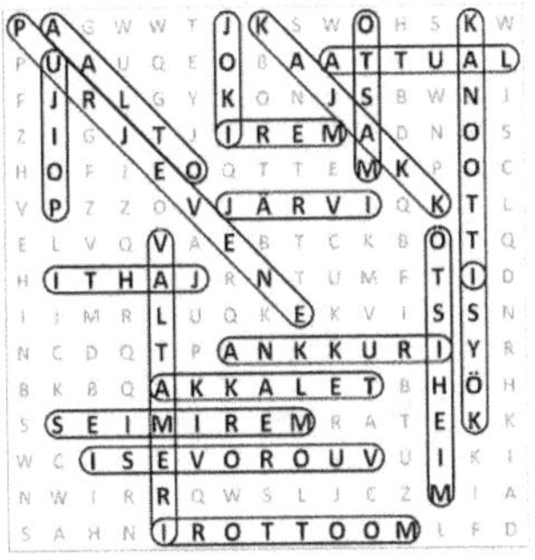

52 - Chimica

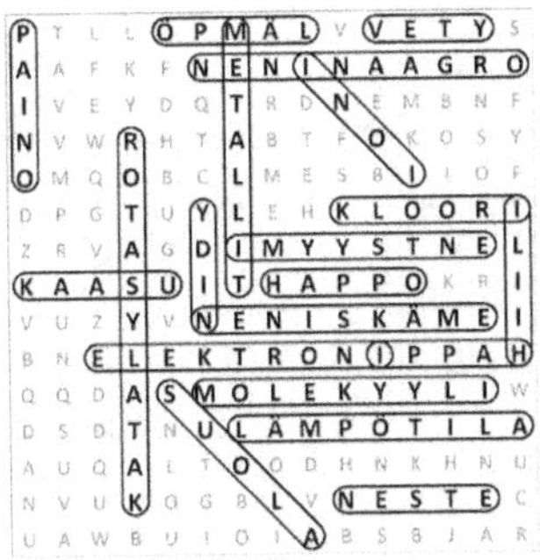

53 - Strumenti Musicali

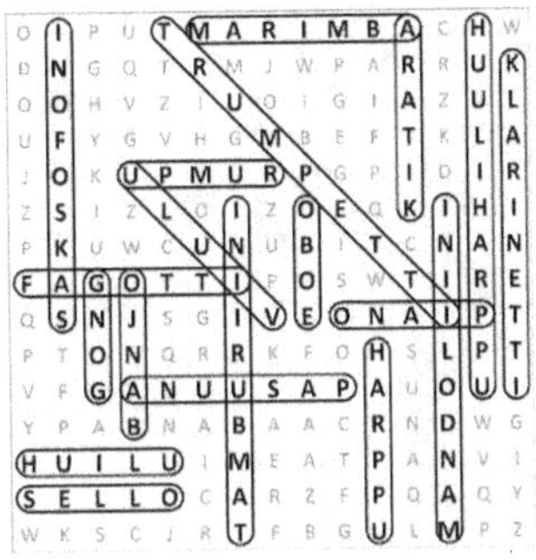

54 - Professioni #2

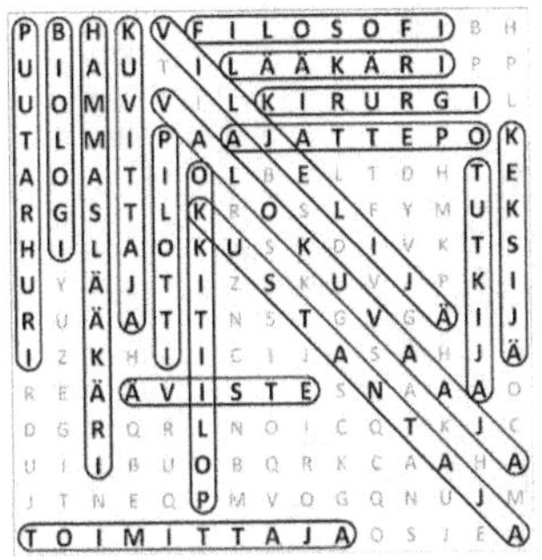

55 - Letteratura

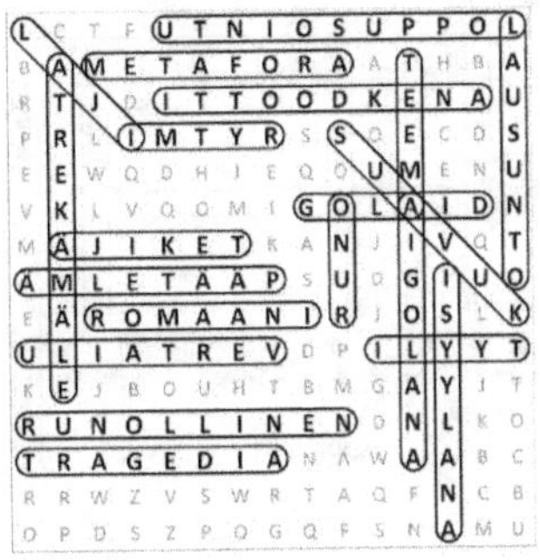

56 - Cibo #2

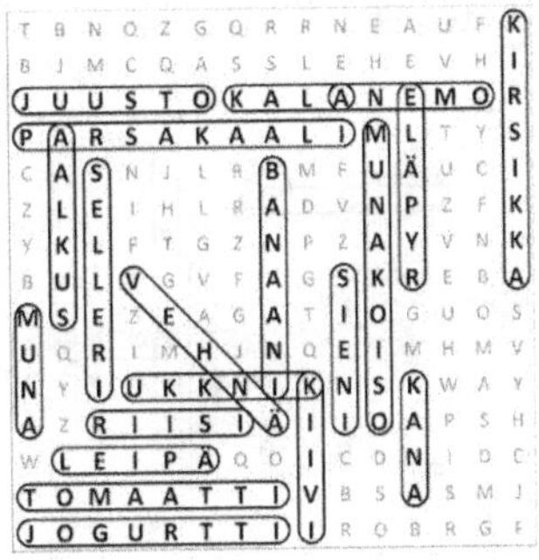

57 - Nutrizione

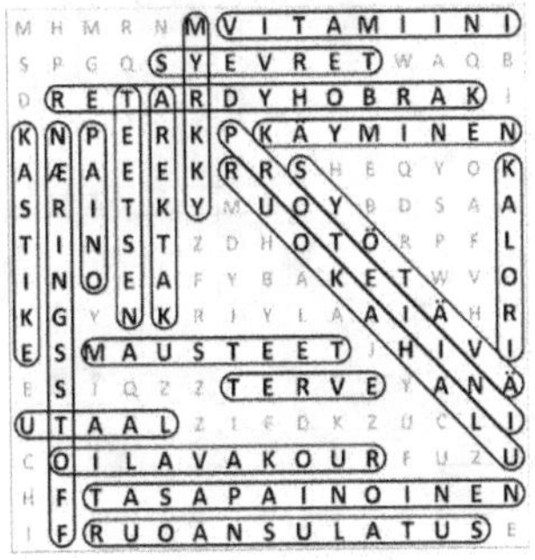

58 - Matematica

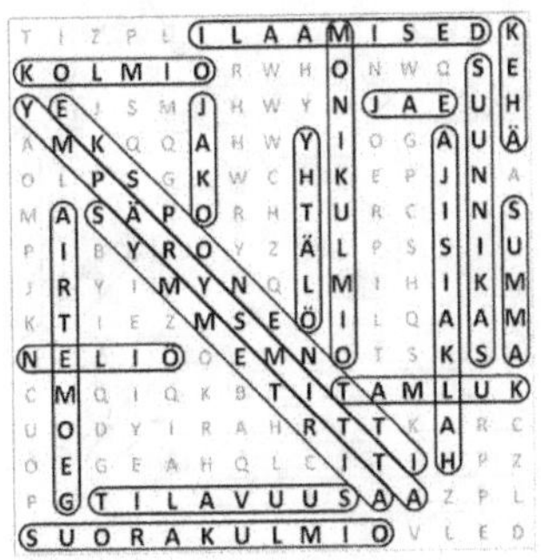

59 - Meditazione

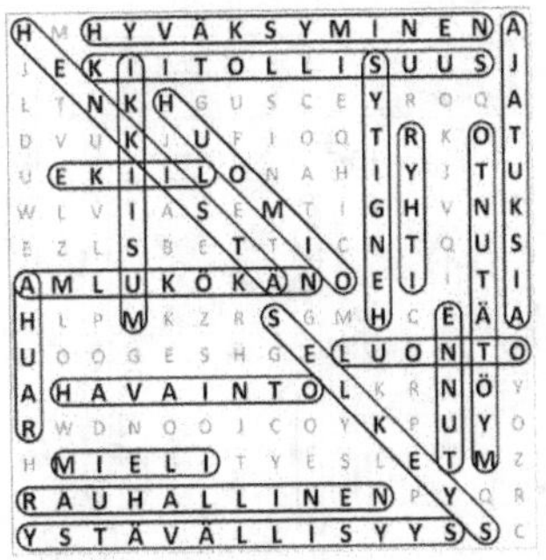

60 - Elettricità

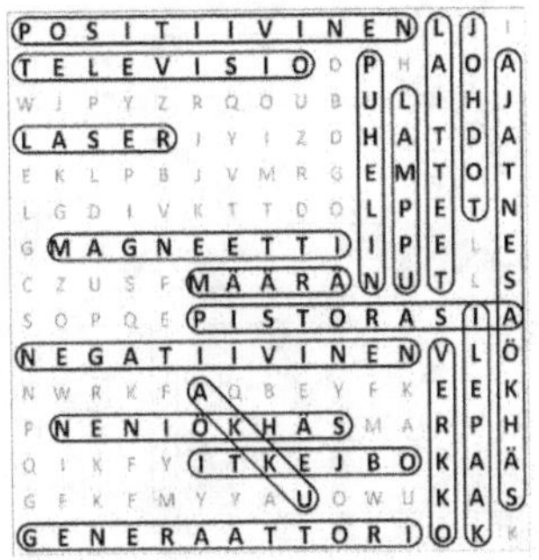

61 - Antiquariato

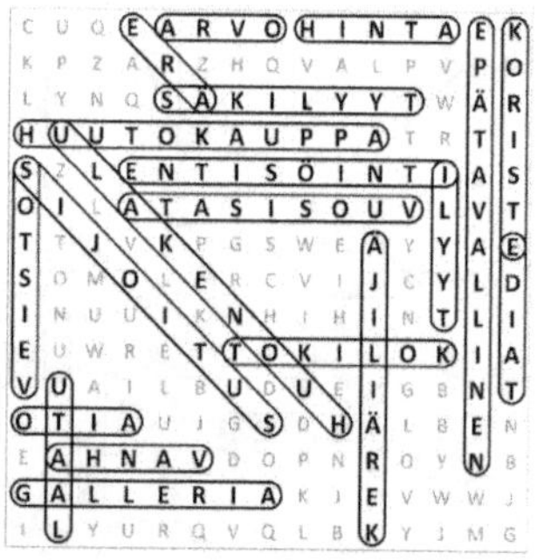

62 - Fotografia

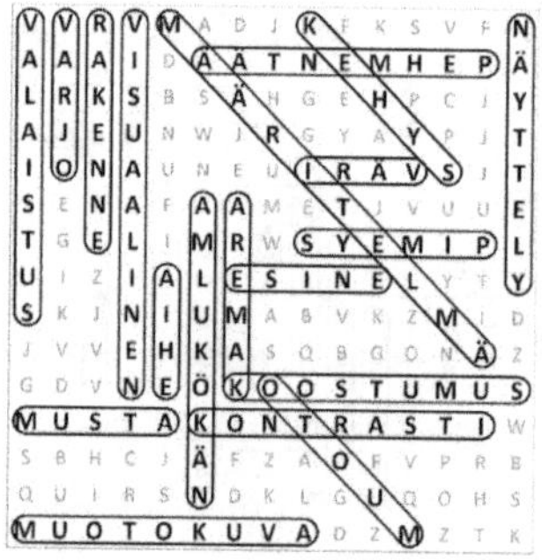

63 - Escursionismo

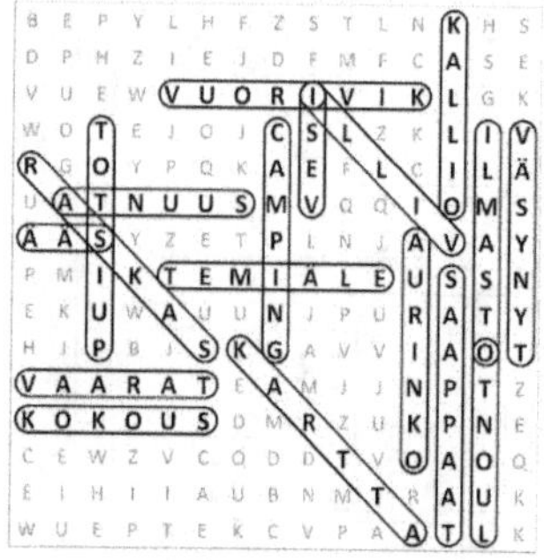

64 - Professioni #1

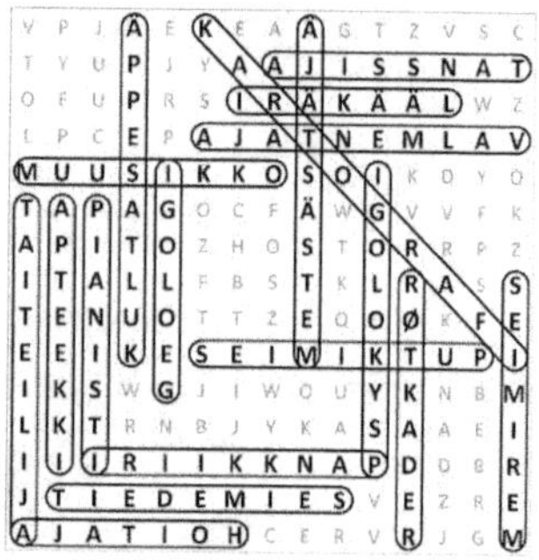

65 - Antartide

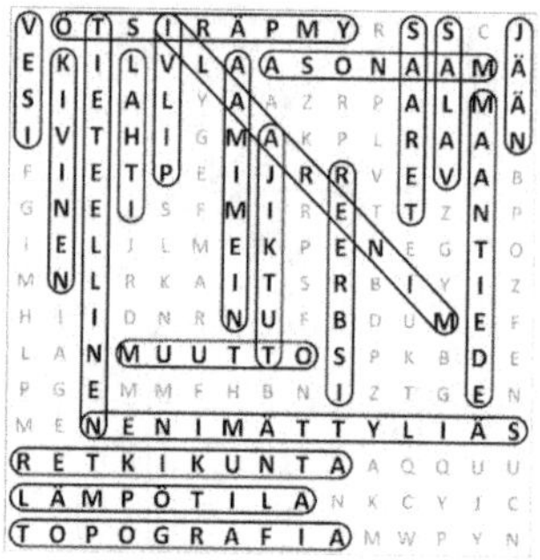

66 - Libri

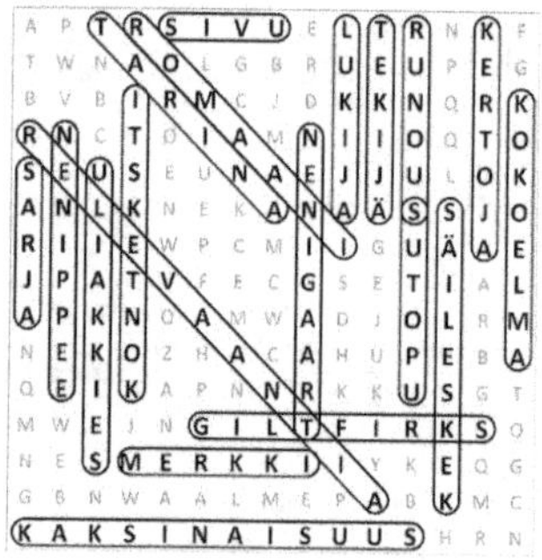

67 - Geografia

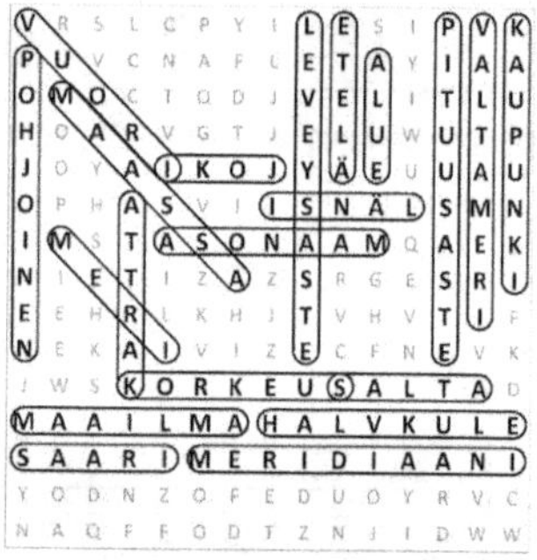

68 - Cibo #1

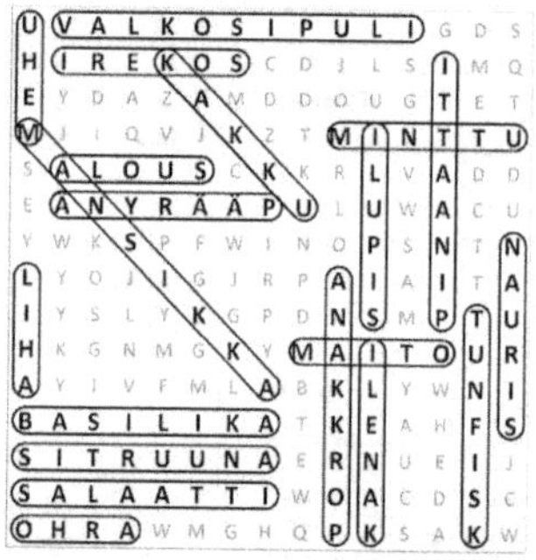

69 - Aeroplani

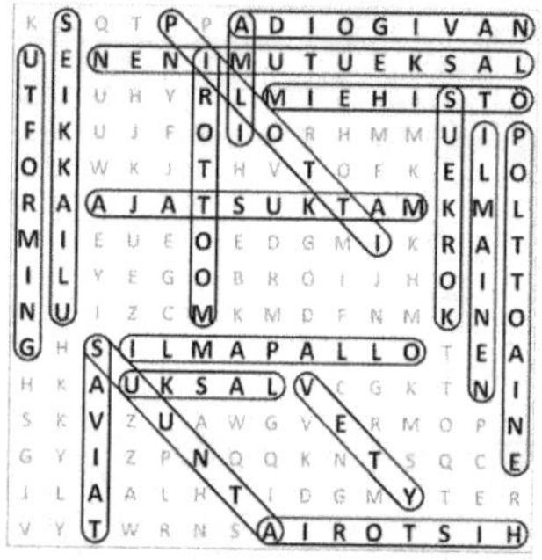

70 - Governo

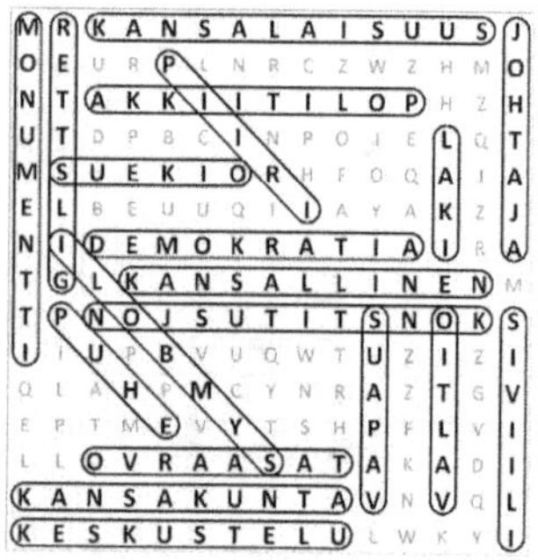

71 - Bellezza

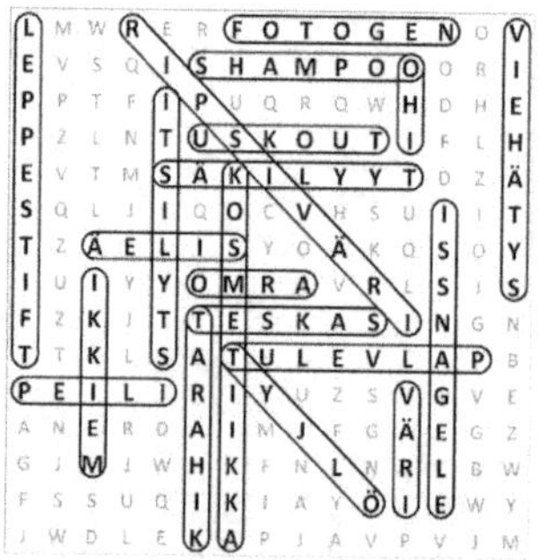

72 - Avventura

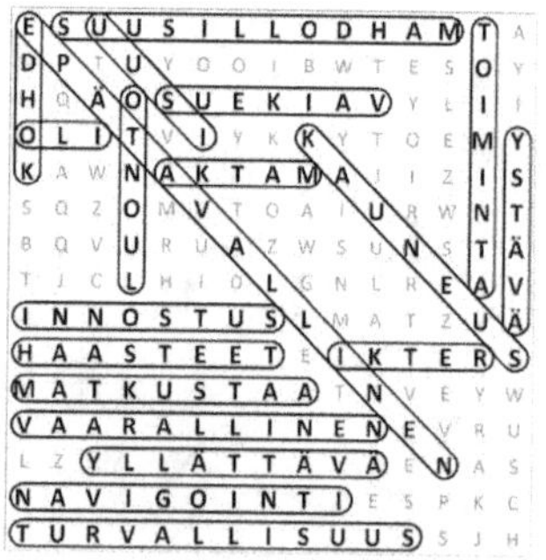

73 - Forme

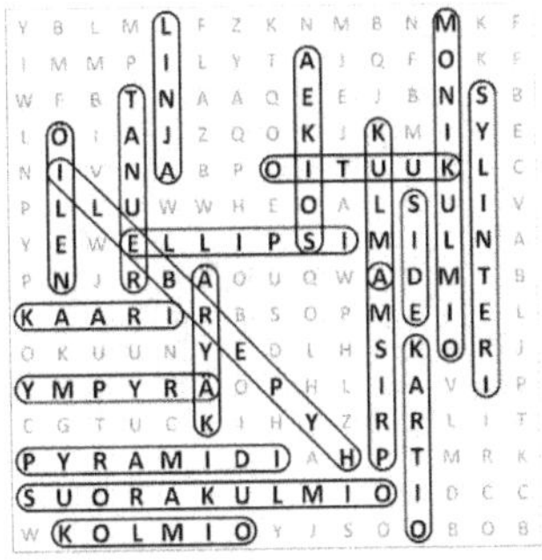

74 - Oceano

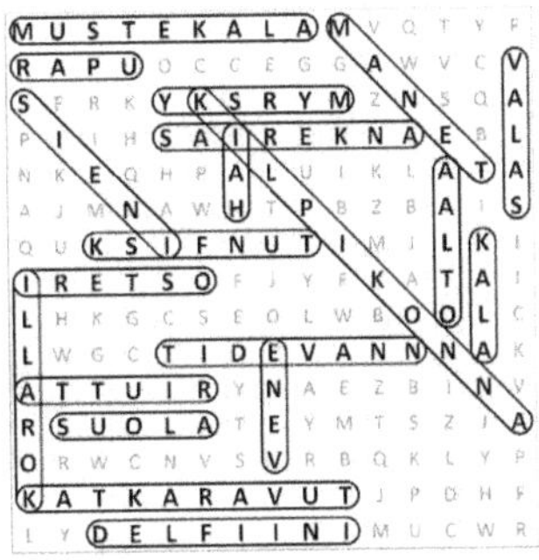

75 - Famiglia

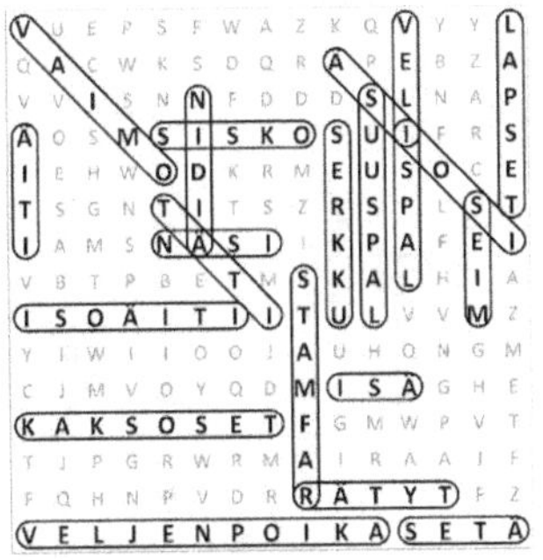

76 - Creatività

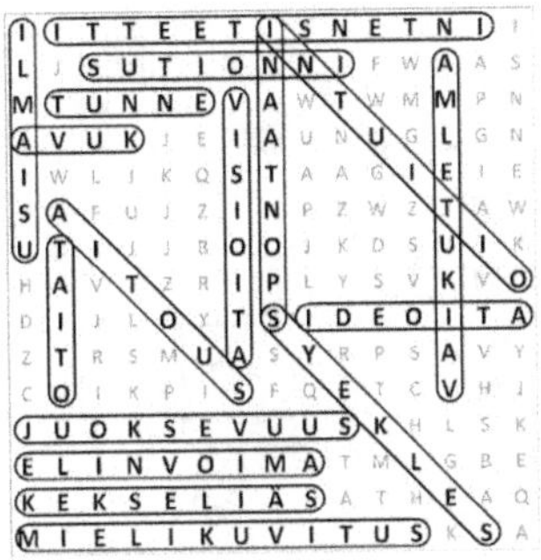

77 - Veicoli

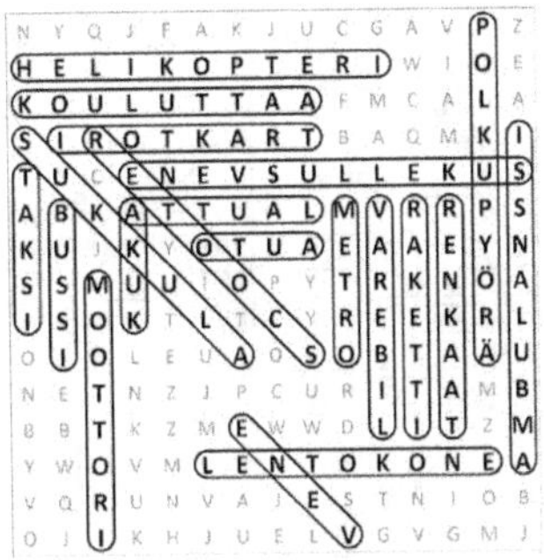

78 - Emozioni

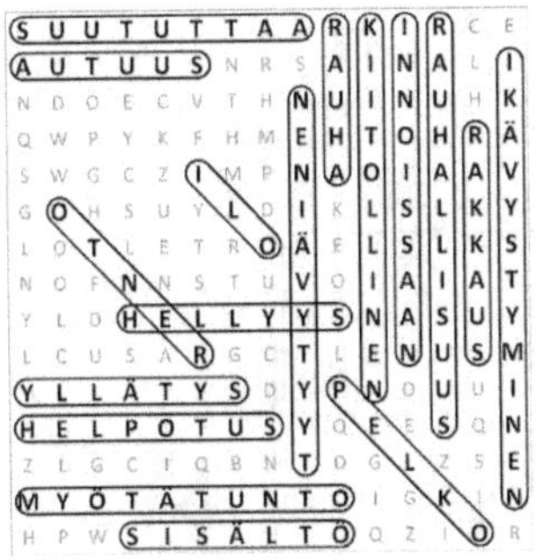

79 - Natura

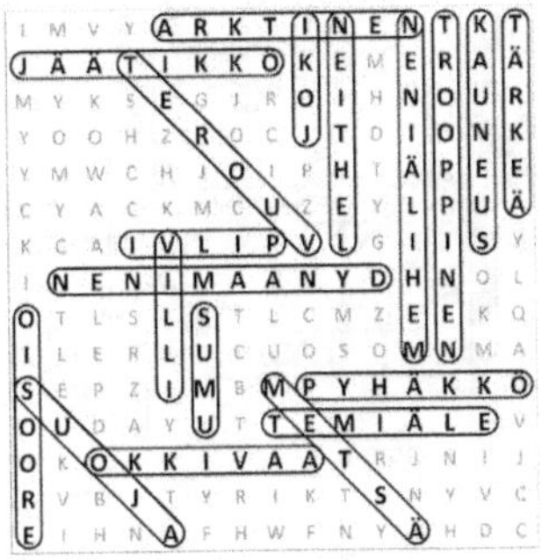

80 - Balletto

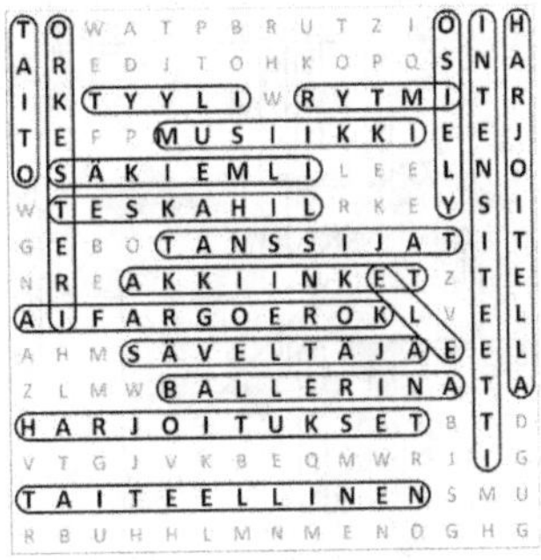

81 - Paesi #1

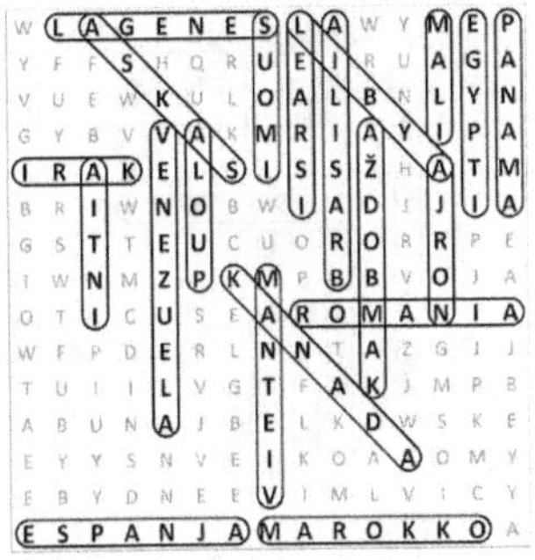

82 - Geometria

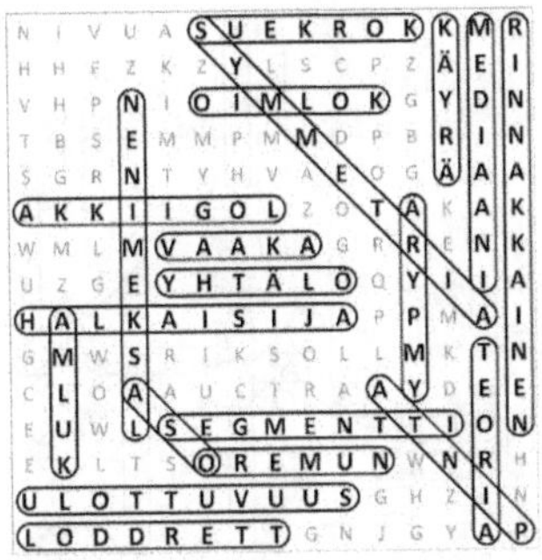

83 - Edifici

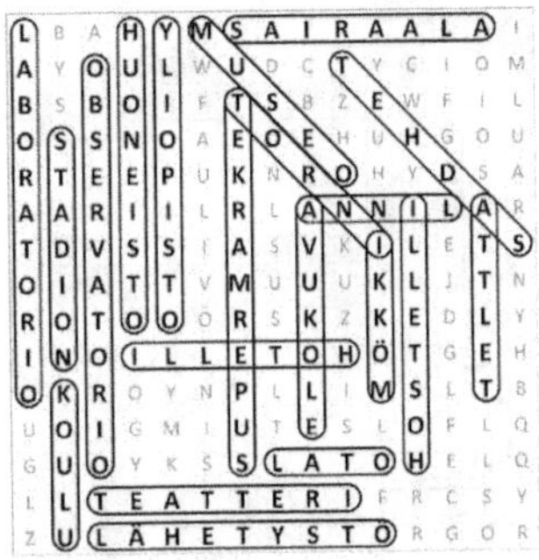

84 - Malattia

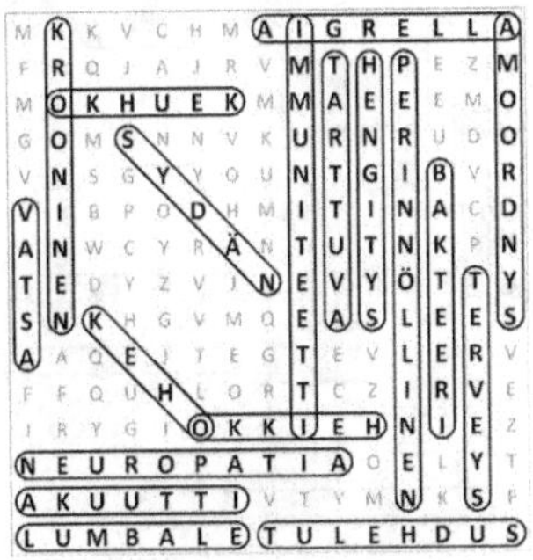

85 - Paesi #2

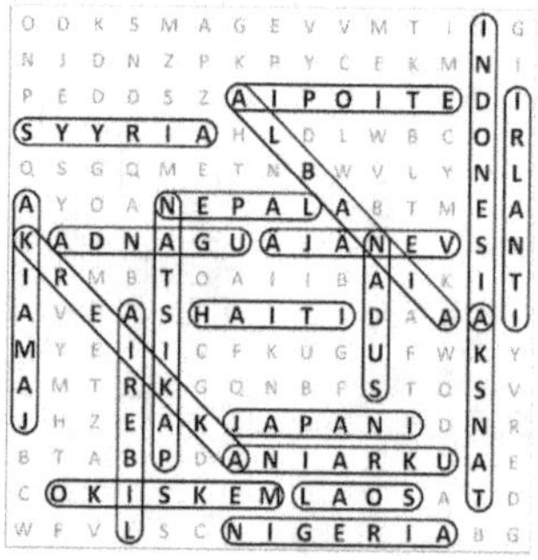

86 - Tipi di Capelli

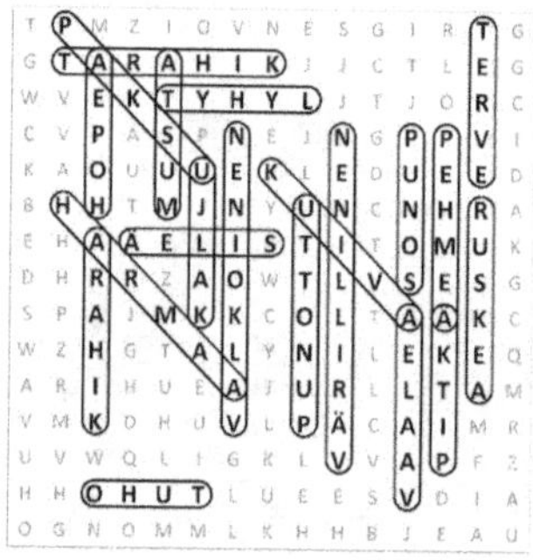

87 - Vestiti

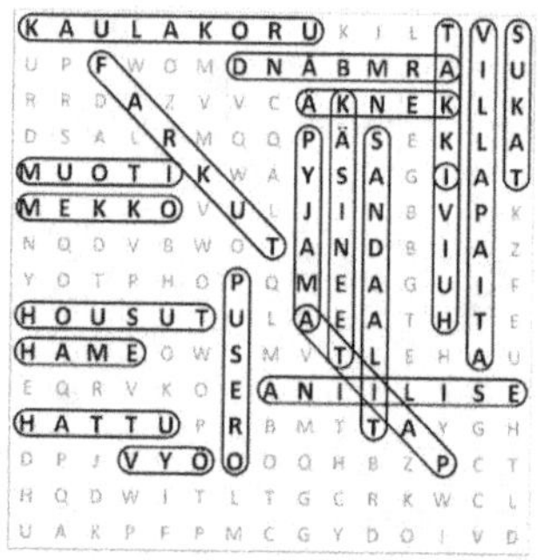

88 - Attività e Tempo Libero

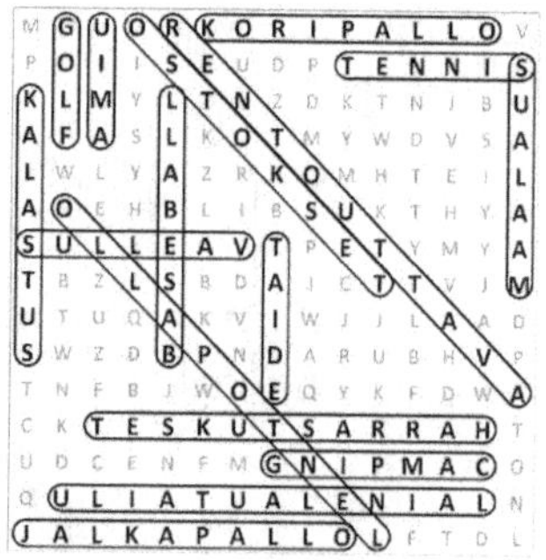

89 - Tecnologia

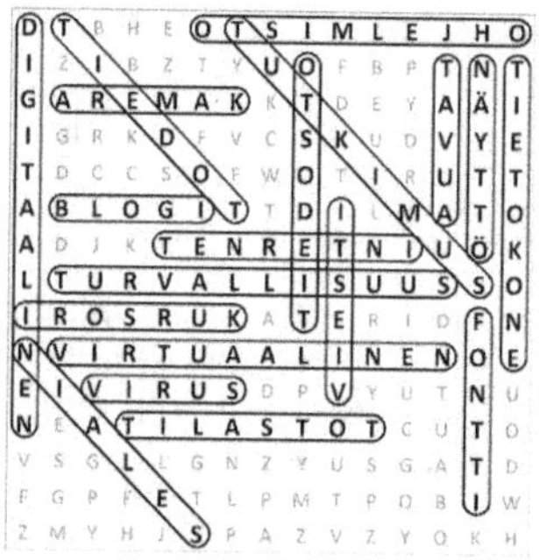

90 - Meteo

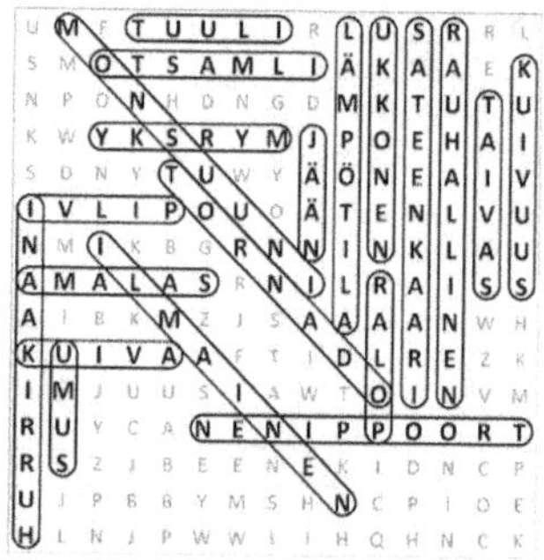

91 - Corpo Umano

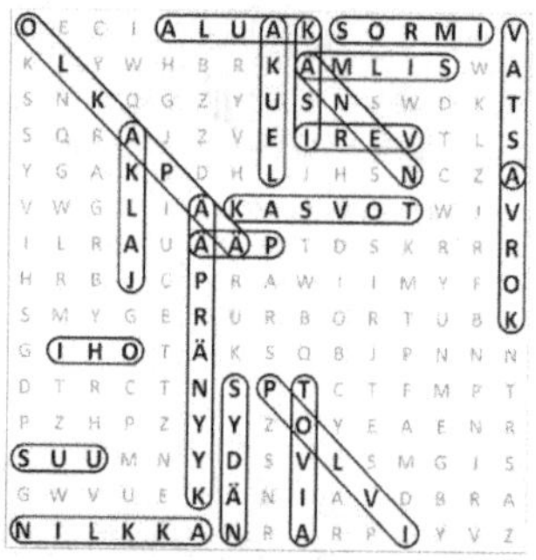

92 - Mammiferi

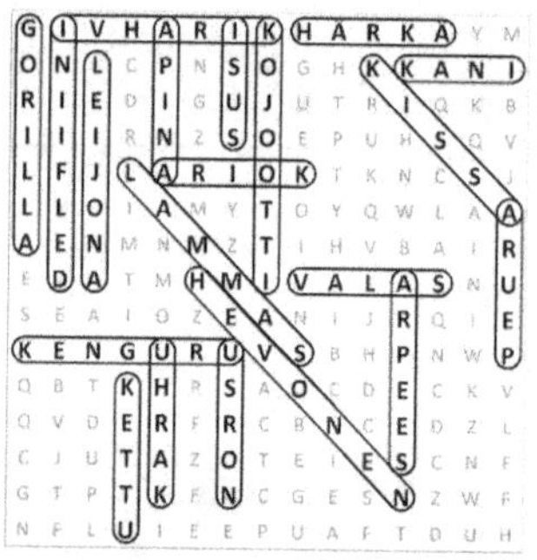

93 - Cucina

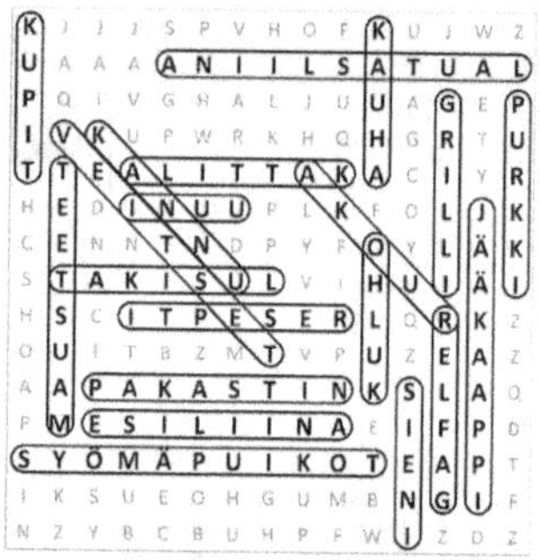

94 - Universo

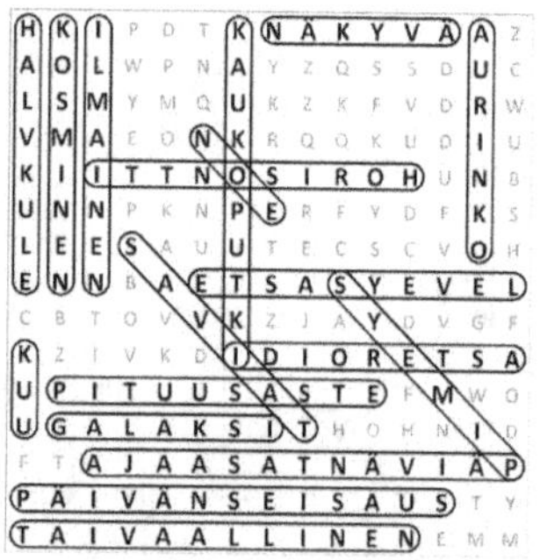

95 - Jazz

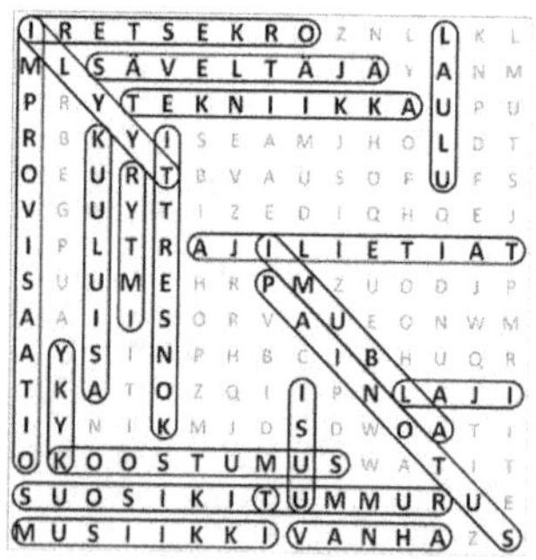

96 - Vacanze #2

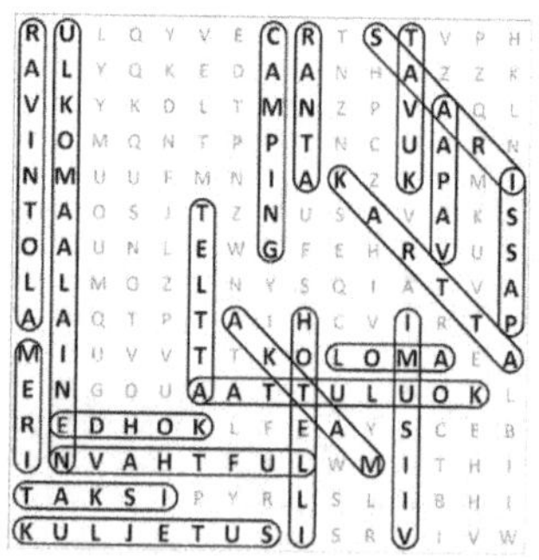

97 - Attività

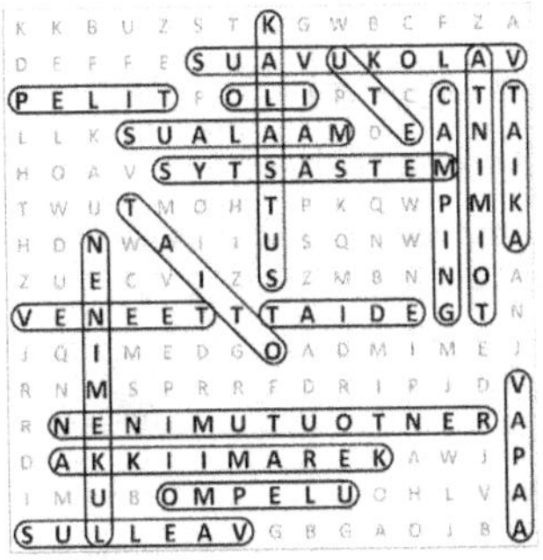

98 - Diplomazia

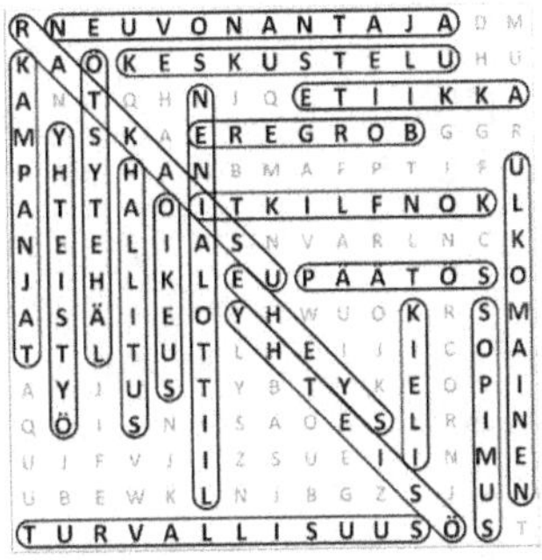

99 - Forniture Artistiche

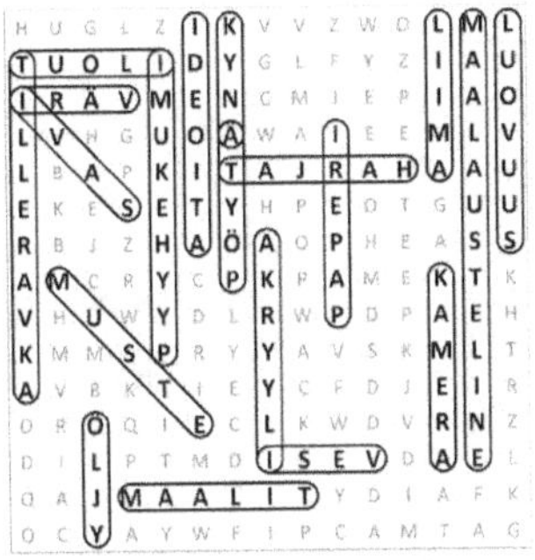

100 - Misurazioni

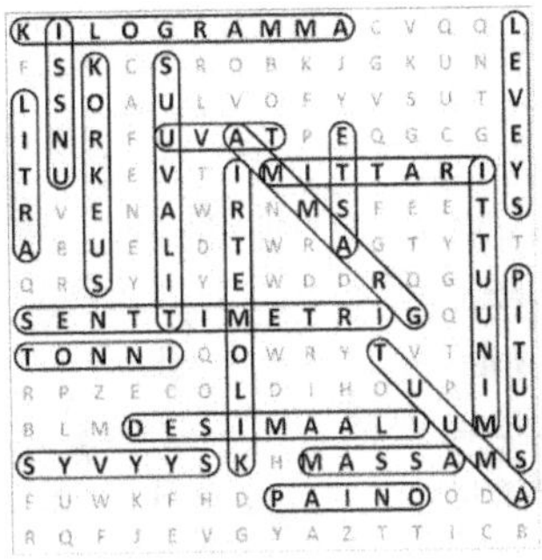

Dizionario

Acqua
Vesi

Alluvione	Tulva
Canale	Kanava
Doccia	Suihku
Evaporazione	Haihtuminen
Fiume	Joki
Gelo	Pakkanen
Geyser	Geysir
Ghiaccio	Jään
Irrigazione	Kastelu
Lago	Järvi
Monsone	Monsuuni
Neve	Lumi
Oceano	Valtameri
Onde	Aalto
Pioggia	Sade
Umidità	Kosteus
Umido	Kostea
Uragano	Hurrikaani
Vapore	Höyry

Aeroplani
Lentokone

Altezza	Korkeus
Aria	Ilma
Atmosfera	Ilmainen
Atterraggio	Lasku
Avventura	Seikkailu
Carburante	Polttoaine
Cielo	Taivas
Costruzione	Rakentaminen
Design	Utforming
Direzione	Suunta
Discesa	Laskeutuminen
Equipaggio	Miehistö
Idrogeno	Vety
Motore	Moottori
Navigare	Navigoida
Palloncino	Ilmapallo
Passeggero	Matkustaja
Pilota	Pilotti
Storia	Historia
Turbolenza	Turbulenssi

Aggettivi #1
Adjektiivit #1

Aromatico	Aromaattinen
Artistico	Taiteellinen
Assoluto	Ehdoton
Attivo	Aktiivinen
Enorme	Valtava
Esotico	Eksotisk
Generoso	Antelias
Giovane	Nuori
Grande	Suuri
Identico	Identtinen
Importante	Tärkeä
Lento	Hidas
Lungo	Pitkä
Moderno	Moderni
Onesto	Rehellinen
Perfetto	Täydellinen
Pesante	Raskas
Prezioso	Arvokas
Profondo	Syvä
Sottile	Ohut

Aggettivi #2
Adjektiivit #2

Affamato	Nälkäinen
Asciutto	Kuiva
Autentico	Aito
Caldo	Kuuma
Creativo	Luova
Descrittivo	Kuvaus
Dolce	Makea
Drammatico	Dramaattinen
Elegante	Tyylikäs
Famoso	Kuuluisa
Forte	Vahva
Naturale	Luonnollinen
Normale	Normaali
Nuovo	Uusi
Orgoglioso	Ylpeä
Produttivo	Tuottava
Puro	Puhdas
Responsabile	Vastuullinen
Salato	Suolainen
Sano	Terve

Agronomia
Agronomia

Acqua	Vesi
Agricoltura	Maatalous
Ambiente	Ympäristö
Cibo	Ruoka
Crescita	Kasvu
Ecologia	Ekologia
Energia	Energia
Erosione	Eroosio
Fertilizzante	Lannoite
Inquinamento	Forurensning
Malattie	Sairaudet
Organico	Orgaaninen
Produzione	Tuotanto
Rurale	Maaseudun
Scienza	Tiede
Semi	Siemenet
Sistemi	Systeemit
Sostenibile	Kestävä
Studio	Tutkimus
Suolo	Maaperä

Algebra
Algebra

Diagramma	Kaavio
Divisione	Jako
Equazione	Yhtälö
Esponente	Eksponentti
Falso	Väärä
Fattore	Tekijä
Formula	Kaava
Frazione	Jae
Infinito	Ääretön
Lineare	Lineaarinen
Matrice	Matriisi
Numero	Numero
Parentesi	Parentes
Problema	Ongelma
Quantità	Määrä
Soluzione	Ratkaisu
Somma	Summa
Sottrazione	Vähennys
Variabile	Muuttuja
Zero	Nolla

Antartide
Antarktis

Acqua	Vesi
Ambiente	Ympäristö
Baia	Lahti
Balene	Valas
Conservazione	Säilyttäminen
Continente	Maanosa
Geografia	Maantiede
Ghiacciai	Isbreer
Ghiaccio	Jään
Isole	Saaret
Migrazione	Muutto
Minerali	Mineraali
Nuvole	Pilvi
Penisola	Niemimaa
Ricercatore	Tutkija
Roccioso	Kivinen
Scientifico	Tieteellinen
Spedizione	Retkikunta
Temperatura	Lämpötila
Topografia	Topografia

Antiquariato
Antiikki

Arte	Taide
Articolo	Erä
Asta	Huutokauppa
Autentico	Aito
Collezionista	Keräilijä
Decorativo	Koriste
Elegante	Tyylikäs
Galleria	Galleria
Insolito	Epätavallinen
Investimento	Sijoitus
Mobilio	Huonekalu
Monete	Kolikot
Prezzo	Hinta
Qualità	Laatu
Restauro	Entisöinti
Scultura	Veistos
Secolo	Vuosisata
Stile	Tyyli
Valore	Arvo
Vecchio	Vanha

Archeologia
Arkeologia

Analisi	Analyysi
Antichità	Antiikin
Antico	Muinainen
Civiltà	Sivilisaatio
Dimenticato	Unohdettu
Discendente	Jälkeläinen
Era	Aikakausi
Esperto	Asiantuntija
Fossile	Fossiili
Mistero	Mysteeri
Oggetti	Objekti
Ossa	Luut
Professore	Professori
Reliquia	Jäänne
Ricercatore	Tutkija
Sconosciuto	Tuntematon
Squadra	Tiimi
Tempio	Temppeli
Tomba	Hauta
Valutazione	Arviointi

Arti Visive
Kuvataide

Architettura	Arkkitehtuuri
Argilla	Savi
Artista	Taiteilija
Capolavoro	Mestariteos
Cavalletto	Maalausteline
Cera	Parafiini
Ceramica	Keramiikka
Composizione	Koostumus
Creatività	Luovuus
Film	Elokuva
Fotografia	Valokuva
Gesso	Liitu
Matita	Lyijykynä
Penna	Kynä
Pittura	Maalaus
Prospettiva	Näkökulma
Ritratto	Muotokuva
Scultura	Veistos
Vernice	Lakka

Astronomia
Tähtitiede

Asteroide	Asteroidi
Astronauta	Astronautti
Celeste	Taivaallinen
Cielo	Taivas
Cosmo	Kosmos
Costellazione	Tähdistö
Equinozio	Jevndøgn
Galassia	Galaksi
Gravità	Painovoima
Luna	Kuu
Meteora	Meteori
Nebulosa	Sumu
Osservatorio	Observatorio
Pianeta	Planeetta
Radiazione	Säteily
Razzo	Raketti
Supernova	Supernova
Telescopio	Kaukoputki
Terra	Maa
Zodiaco	Zodiakki

Attività
Toiminta

Abilità	Taito
Arte	Taide
Artigianato	Veneet
Attività	Toiminta
Caccia	Metsästys
Campeggio	Camping
Ceramica	Keramiikka
Cucire	Ompelu
Escursioni	Vaellus
Fotografia	Valokuvaus
Giochi	Pelit
Interessi	Etu
Lettura	Lukeminen
Magia	Taika
Pesca	Kalastus
Piacere	Ilo
Pittura	Maalaus
Rilassamento	Rentoutuminen
Tempo Libero	Vapaa

Attività Commerciale
Liiketoimintaa

Bilancio	Budsjett
Carriera	Ura
Costo	Kustannus
Datore di Lavoro	Työnantaja
Dipendente	Työntekijä
Economia	Talous
Fabbrica	Tehdas
Finanza	Rahoitus
Investimento	Sijoitus
Merce	Tavara
Negozio	Myymälä
Profitto	Voitto
Reddito	Tulo
Sconto	Alennus
Società	Yhtiö
Soldi	Raha
Transazione	Kauppa
Ufficio	Toimisto
Valuta	Valuutta
Vendita	Myynti

Attività e Tempo Libero
Toiminta ja Vapaa-Aika

Arte	Taide
Baseball	Baseball
Basket	Koripallo
Boxe	Nyrkkeily
Calcio	Jalkapallo
Campeggio	Camping
Escursioni	Vaellus
Golf	Golf
Hobby	Harrastukset
Immersione	Sukellus
Nuoto	Uima
Pallavolo	Lentopallo
Pesca	Kalastus
Pittura	Maalaus
Rilassante	Rentouttava
Shopping	Ostokset
Surf	Lainelautailu
Tennis	Tennis
Viaggio	Matkustaa

Avventura
Seikkailu

Amici	Ystävä
Attività	Toiminta
Bellezza	Kauneus
Caso	Mahdollisuus
Destinazione	Kohde
Difficoltà	Vaikeus
Entusiasmo	Innostus
Escursione	Retki
Gioia	Ilo
Insolito	Epätavallinen
Itinerario	Matka
Natura	Luonto
Navigazione	Navigointi
Nuovo	Uusi
Pericoloso	Vaarallinen
Sfide	Haasteet
Sicurezza	Turvallisuus
Sorprendente	Yllättävä
Viaggi	Matkustaa

Balletto
Baletti

Abilità	Taito
Artistico	Taiteellinen
Ballerina	Ballerina
Ballerini	Tanssijat
Compositore	Säveltäjä
Coreografia	Koreografia
Espressivo	Ilmeikäs
Gesto	Ele
Intensità	Intensiteetti
Muscoli	Lihakset
Musica	Musiikki
Orchestra	Orkesteri
Pratica	Harjoitella
Prova	Harjoitukset
Pubblico	Yleisö
Ritmo	Rytmi
Stile	Tyyli
Tecnica	Tekniikka

Barbecue
Grilli

Caldo	Kuuma
Cena	Illallinen
Cibo	Ruoka
Cipolle	Sipuli
Coltelli	Veitset
Estate	Kesä
Fame	Nälkä
Famiglia	Perhe
Frutta	Hedelmä
Giochi	Pelit
Griglia	Grilli
Insalate	Salaatit
Invito	Kutsu
Musica	Musiikki
Pepe	Pippuri
Pollo	Kana
Pomodori	Tomaatit
Pranzo	Lounas
Sale	Suola
Salsa	Kastike

Bellezza
Kauneus

Colore	Väri
Cosmetici	Kosmetiikka
Elegante	Tyylikäs
Eleganza	Eleganssi
Fascino	Viehätys
Forbici	Sakset
Fotogenico	Fotogen
Fragranza	Tuoksu
Grazia	Armo
Liscio	Sileä
Mascara	Ripsiväri
Oli	Öljyt
Pelle	Iho
Riccioli	Kiharat
Rossetto	Leppestift
Servizi	Palvelut
Shampoo	Shampoo
Specchio	Peili
Stilista	Stylisti
Trucco	Meikki

Biologia
Biologia

Anatomia	Anatomia
Batteri	Bakteerit
Cellula	Solu
Collagene	Kollageeni
Cromosoma	Kromosomi
Embrione	Alkio
Enzima	Entsyymi
Evoluzione	Evoluutio
Fotosintesi	Fotosynteesi
Mammifero	Nisäkäs
Mutazione	Mutaatio
Naturale	Luonnollinen
Nervo	Hermo
Neurone	Neuroni
Ormone	Hormoni
Osmosi	Osmoosi
Proteina	Proteiini
Rettile	Matelija
Simbiosi	Symbioosi
Sinapsi	Synapsi

Campeggio
Telttailu

Alberi	Puu
Amaca	Riippumatto
Animali	Eläimet
Avventura	Seikkailu
Bussola	Kompassi
Cabina	Mökki
Caccia	Metsästys
Canoa	Kanootti
Cappello	Hattu
Corda	Köysi
Divertimento	Hauskaa
Foresta	Metsä
Fuoco	Antaa Potkut
Insetto	Hyönteinen
Lago	Järvi
Luna	Kuu
Mappa	Kartta
Montagna	Vuori
Natura	Luonto
Tenda	Teltta

Casa
Talo

Attico	Ullakko
Biblioteca	Kirjasto
Camera	Huone
Camino	Takka
Chiavi	Nøkler
Cucina	Keittiö
Doccia	Suihku
Finestra	Ikkuna
Garage	Autotalli
Giardino	Puutarha
Lampada	Lamppu
Parete	Seinä
Pavimento	Lattia
Porta	Ovi
Recinto	Aita
Rubinetto	Hana
Scopa	Luuta
Specchio	Peili
Tappeto	Matto
Tetto	Katto

Chimica
Kemia

Acido	Happo
Alcalino	Emäksinen
Calore	Lämpö
Carbonio	Hiili
Catalizzatore	Katalysator
Cloro	Kloori
Elettrone	Elektroni
Enzima	Entsyymi
Gas	Kaasu
Idrogeno	Vety
Ione	Ioni
Liquido	Neste
Metalli	Metallit
Molecola	Molekyyli
Nucleare	Ydin
Organico	Orgaaninen
Ossigeno	Happi
Peso	Paino
Sale	Suola
Temperatura	Lämpötila

Cibo #1
Ruoka #1

Aglio	Valkosipuli
Basilico	Basilika
Cannella	Kaneli
Carne	Liha
Carota	Porkkana
Cipolla	Sipuli
Fragola	Mansikka
Insalata	Salaatti
Latte	Maito
Limone	Sitruuna
Menta	Minttu
Orzo	Ohra
Pera	Päärynä
Rapa	Nauris
Sale	Suola
Spinaci	Pinaatti
Succo	Mehu
Tonno	Tunfisk
Torta	Kakku
Zucchero	Sokeri

Cibo #2
Ruoka #2

Banana	Banaani
Broccolo	Parsakaali
Ciliegia	Kirsikka
Cioccolato	Suklaa
Formaggio	Juusto
Fungo	Sieni
Grano	Vehnä
Kiwi	Kiivi
Mela	Omena
Melanzana	Munakoiso
Pane	Leipä
Pesce	Kala
Pollo	Kana
Pomodoro	Tomaatti
Prosciutto	Kinkku
Riso	Riisi
Sedano	Selleri
Uovo	Muna
Uva	Rypäle
Yogurt	Jogurtti

Cioccolato
Suklaa

Amaro	Katkera
Arachidi	Maapähkinät
Aroma	Aromi
Artigianale	Artisanal
Brama	Himo
Cacao	Kaakao
Calorie	Kalori
Caramello	Karamelli
Delizioso	Herkullinen
Dolce	Makea
Esotico	Eksotisk
Gusto	Maku
Ingrediente	Ainesosa
Mangiare	Syödä
Noce di Cocco	Kokosnøtt
Polvere	Jauhe
Preferito	Suosikki
Qualità	Laatu
Ricetta	Resepti
Zucchero	Sokeri

Città
Kaupunki

Aeroporto	Lufthavn
Banca	Pankki
Biblioteca	Kirjasto
Cinema	Elokuva
Clinica	Klinikka
Farmacia	Apteekki
Galleria	Galleria
Hotel	Hotelli
Libreria	Kirjakauppa
Mercato	Markkina
Museo	Museo
Negozio	Kauppa
Panetteria	Leipomo
Ristorante	Ravintola
Scuola	Koulu
Stadio	Stadion
Supermercato	Supermarket
Teatro	Teatteri
Università	Yliopisto
Zoo	Eläintarha

Corpo Umano
Ihmiskehon

Bocca	Suu
Caviglia	Nilkka
Cervello	Aivot
Collo	Kaula
Cuore	Sydän
Dito	Sormi
Faccia	Kasvot
Gamba	Jalka
Ginocchio	Polvi
Gomito	Kyynärpää
Mano	Käsi
Mento	Leuka
Naso	Nenä
Occhio	Silmä
Orecchio	Korva
Pelle	Iho
Sangue	Veri
Spalla	Olkapää
Stomaco	Vatsa
Testa	Pää

Creatività
Luovuus

Abilità	Taito
Artistico	Taiteellinen
Autenticità	Aitous
Chiarezza	Selkeys
Drammatico	Dramaattinen
Espressione	Ilmaisu
Fluidità	Juoksevuus
Idee	Ideoita
Immaginazione	Mielikuvitus
Immagine	Kuva
Impressione	Vaikutelma
Intensità	Intensiteetti
Intuizione	Intuitio
Inventivo	Kekseliäs
Ispirazione	Innoitus
Sensazione	Tunne
Spontaneo	Spontaani
Visioni	Visioita
Vitalità	Elinvoima

Cucina
Keittiö

Bacchette	Syömäpuikot
Bollitore	Kattila
Brocca	Kannu
Cibo	Ruoka
Ciotola	Kulho
Coltelli	Veitset
Congelatore	Pakastin
Cucchiai	Lusikat
Forchette	Gafler
Forno	Uuni
Frigorifero	Jääkaappi
Grembiule	Esiliina
Griglia	Grilli
Mestolo	Kauha
Ricetta	Resepti
Spezie	Mausteet
Spugna	Sieni
Tazze	Kupit
Tovagliolo	Lautasliina
Vaso	Purkki

Diplomazia
Diplomatia

Alleato	Liittolainen
Ambasciata	Lähetystö
Campagne	Kampanjat
Cittadini	Borgere
Comunità	Yhteisö
Conflitto	Konflikti
Consigliere	Neuvonantaja
Cooperazione	Yhteistyö
Discussione	Keskustelu
Etica	Etiikka
Giustizia	Oikeus
Governo	Hallitus
Integrità	Eheys
Lingue	Kieli
Politica	Politiikka
Risoluzione	Päätös
Sicurezza	Turvallisuus
Soluzione	Ratkaisu
Straniero	Ulkomainen
Trattato	Sopimus

Discipline Scientifiche
Tieteelliset Alat

Anatomia	Anatomia
Archeologia	Arkeologia
Astronomia	Tähtitiede
Biochimica	Biokemia
Biologia	Biologia
Botanica	Kasvitiede
Chimica	Kemia
Ecologia	Ekologia
Fisiologia	Fysiologia
Geologia	Geologia
Immunologia	Immunologia
Linguistica	Kielitiede
Meccanica	Mekaniikka
Meteorologia	Meteorologia
Mineralogia	Mineralogia
Neurologia	Neurologia
Nutrizione	Ravitsemus
Psicologia	Psykologia
Sociologia	Sosiologia
Zoologia	Eläintiede

Edifici
Rakennukset

Ambasciata	Lähetystö
Appartamento	Huoneisto
Cabina	Mökki
Castello	Linna
Cinema	Elokuva
Fabbrica	Tehdas
Fienile	Lato
Hotel	Hotelli
Laboratorio	Laboratorio
Museo	Museo
Ospedale	Sairaala
Osservatorio	Observatorio
Ostello	Hostelli
Scuola	Koulu
Stadio	Stadion
Supermercato	Supermarket
Teatro	Teatteri
Tenda	Teltta
Torre	Torni
Università	Yliopisto

Elettricità
Sähköt

Attrezzatura	Laitteet
Batteria	Akku
Cavo	Kaapeli
Conservazione	Varastointi
Elettricista	Sähköasentaja
Elettrico	Sähköinen
Fili	Johdot
Generatore	Generaattori
Lampada	Lamppu
Laser	Laser
Magnete	Magneetti
Negativo	Negatiivinen
Oggetti	Objekti
Positivo	Positiivinen
Presa	Pistorasia
Quantità	Määrä
Rete	Verkko
Telefono	Puhelin
Televisione	Televisio

Emozioni
Tunteita

Amore	Rakkaus
Beatitudine	Autuus
Calma	Rauhallinen
Contenuto	Sisältö
Eccitato	Innoissaan
Gentilezza	Ystävällisyys
Gioia	Ilo
Grato	Kiitollinen
Noia	Ikävystyminen
Pace	Rauha
Paura	Pelko
Rabbia	Suututtaa
Rilassato	Rento
Rilievo	Helpotus
Simpatia	Myötätunto
Soddisfatto	Tyytyväinen
Sorpresa	Yllätys
Tenerezza	Hellyys
Tranquillità	Rauhallisuus
Tristezza	Surullisuus

Energia
Energiaa

Ambiente	Ympäristö
Batteria	Akku
Benzina	Bensiini
Calore	Lämpö
Carbonio	Hiili
Carburante	Polttoaine
Diesel	Diesel
Elettrico	Sähköinen
Elettrone	Elektroni
Entropia	Entropia
Fotone	Fotoni
Idrogeno	Vety
Industria	Industri
Inquinamento	Forurensning
Motore	Moottori
Nucleare	Ydin
Rinnovabile	Uusiutuva
Turbina	Turbiini
Vapore	Höyry
Vento	Tuuli

Erboristeria
Herbalismi

Aglio	Valkosipuli
Aneto	Tilli
Aromatico	Aromaattinen
Basilico	Basilika
Culinario	Kulinaarinen
Dragoncello	Rakuuna
Finocchio	Fenkoli
Fiore	Kukka
Giardino	Puutarha
Ingrediente	Ainesosa
Lavanda	Laventeli
Maggiorana	Meirami
Menta	Minttu
Origano	Oregano
Prezzemolo	Persilja
Qualità	Laatu
Rosmarino	Rosmariini
Timo	Timjami
Verde	Vihreä
Zafferano	Maustesahrami

Escursionismo
Patikointi

Acqua	Vesi
Animali	Eläimet
Campeggio	Camping
Clima	Ilmasto
Mappa	Kartta
Meteo	Sää
Montagna	Vuori
Natura	Luonto
Orientamento	Suunta
Parchi	Puistot
Pericoli	Vaarat
Pesante	Raskas
Pietre	Kivi
Scogliera	Kallio
Selvaggio	Villi
Sole	Aurinko
Stanco	Väsynyt
Stivali	Saappaat
Vertice	Kokous

Famiglia
Perhe

Antenato	Stamfar
Bambini	Lapset
Bambino	Lapsi
Cugino	Serkku
Figlia	Tytär
Fratello	Veli
Gemelli	Kaksoset
Infanzia	Lapsuus
Madre	Äiti
Marito	Mies
Materno	Äidin
Moglie	Vaimo
Nipote	Veljenpoika
Nonna	Isoäiti
Nonno	Isoisä
Padre	Isä
Paterno	Isän
Sorella	Sisko
Zia	Täti
Zio	Setä

Fantascienza
Tieteiskirjallisuus

Cinema	Elokuva
Distopia	Dystopia
Esplosione	Räjähdys
Estremo	Äärimmäinen
Fantastico	Fantastinen
Fuoco	Antaa Potkut
Futuristico	Futuristinen
Galassia	Galaksi
Illusione	Illuusio
Libri	Kirjat
Misterioso	Salaperäinen
Mondo	Maailma
Oracolo	Oraakkeli
Pianeta	Planeetta
Realistico	Realistinen
Robot	Robotti
Romanzi	Romaaneja
Scenario	Skenaario
Tecnologia	Teknologia
Utopia	Utopia

Fattoria #1
Maatila nro 1

Acqua	Vesi
Agricoltura	Maatalous
Ape	Mehiläinen
Asino	Aasi
Campo	Kenttä
Cane	Koira
Capra	Vuohi
Cavallo	Hevonen
Fertilizzante	Lannoite
Fieno	Heinä
Gatto	Kissa
Gregge	Parvi
Maiale	Sika
Miele	Hunaja
Mucca	Lehmä
Pollo	Kana
Recinto	Aita
Riso	Riisi
Semi	Siemenet
Vitello	Vasikka

Fattoria #2
Maatila # 2

Agnello	Karitsa
Agricoltore	Viljelijä
Alveare	Mehiläispesä
Anatra	Ankka
Animali	Eläimet
Cibo	Ruoka
Fienile	Lato
Frutta	Hedelmä
Frutteto	Hedelmätarha
Grano	Vehnä
Irrigazione	Kastelu
Lama	Laama
Latte	Maito
Mais	Maissi
Maturo	Kypsä
Orzo	Ohra
Pastore	Paimen
Pecora	Lammas
Prato	Niitty
Trattore	Traktori

Fiori
Kukkia

Dente di Leone	Voikukka
Gardenia	Gardenia
Gelsomino	Jasmiini
Giglio	Lilja
Girasole	Auringonkukka
Ibisco	Hibiscus
Lavanda	Laventeli
Lilla	Liila
Magnolia	Magnolia
Margherita	Päivänkakkara
Mazzo	Kimppu
Orchidea	Orkidea
Papavero	Unikko
Peonia	Pioni
Petalo	Terälehti
Plumeria	Plumeria
Rosa	Ruusu
Trifoglio	Apila
Tulipano	Tulppaani

Fisica
Fysiikka

Accelerazione	Kiihdytys
Atomo	Atomi
Caos	Kaaos
Chimico	Kemiallinen
Densità	Tiheys
Elettrone	Elektroni
Espansione	Laajennus
Formula	Kaava
Frequenza	Taajuus
Gas	Kaasu
Gravità	Painovoima
Magnetismo	Magnetismi
Meccanica	Mekaniikka
Molecola	Molekyyli
Motore	Moottori
Nucleare	Ydin
Particella	Hiukkanen
Relatività	Suhteellisuus
Universale	Yleistä
Velocità	Nopeus

Forme
Muodot

Angolo	Kulma
Arco	Kaari
Bordi	Reunat
Cerchio	Ympyrä
Cilindro	Sylinteri
Cono	Kartio
Cubo	Kuutio
Curva	Käyrä
Ellisse	Ellipsi
Iperbole	Hyperbeli
Lato	Side
Linea	Linja
Ovale	Soikea
Piramide	Pyramidi
Poligono	Monikulmio
Prisma	Prisma
Quadrato	Neliö
Rettangolo	Suorakulmio
Triangolo	Kolmio

Forniture Artistiche
Taide-Tarvikkeet

Acqua	Vesi
Acquerelli	Akvarellit
Acrilico	Akryyli
Argilla	Savi
Carta	Paperi
Cavalletto	Maalausteline
Colla	Liima
Colori	Väri
Creatività	Luovuus
Gomma	Pyyhekumi
Idee	Ideoita
Inchiostro	Muste
Matite	Kynä
Olio	Öljy
Sedia	Tuoli
Spazzole	Harjat
Tavolo	Pöytä
Telecamera	Kamera
Vernici	Maalit

Forza e Gravità
Voima ja Painovoima

Asse	Akseli
Attrito	Kitka
Centro	Keskusta
Dinamico	Dynaaminen
Distanza	Etäisyys
Espansione	Laajennus
Fisica	Fysiikka
Impatto	Vaikutus
Magnetismo	Magnetismi
Meccanica	Mekaniikka
Movimento	Liike
Peso	Paino
Pressione	Paine
Proprietà	Kiinteistö
Scoperta	Löytö
Slancio	Vauhti
Tempo	Aika
Universale	Yleistä
Velocità	Nopeus

Fotografia
Valokuvaus

Ammorbidire	Pehmentää
Buio	Pimeys
Colore	Väri
Composizione	Koostumus
Contrasto	Kontrasti
Cornice	Kehys
Definizione	Määritelmä
Esposizione	Näyttely
Formato	Muoto
Illuminazione	Valaistus
Nero	Musta
Oggetto	Esine
Ombre	Varjo
Prospettiva	Näkökulma
Ritratto	Muotokuva
Soggetto	Aihe
Telecamera	Kamera
Trama	Rakenne
Visivo	Visuaalinen

Frutta
Hedelmä

Albicocca	Aprikoosi
Ananas	Ananas
Arancia	Oranssi
Avocado	Avokado
Bacca	Marja
Banana	Banaani
Ciliegia	Kirsikka
Fico	Viikuna
Kiwi	Kiivi
Lampone	Vadelma
Limone	Sitruuna
Mango	Mango
Mela	Omena
Melone	Meloni
Mora	Blackberry
Nettarina	Nektariini
Pera	Päärynä
Pesca	Persikka
Prugna	Luumu
Uva	Rypäle

Geografia
Maantiede

Altitudine	Korkeus
Atlante	Atlas
Città	Kaupunki
Continente	Maanosa
Emisfero	Halvkule
Fiume	Joki
Isola	Saari
Latitudine	Leveysaste
Longitudine	Pituusaste
Mappa	Kartta
Mare	Meri
Meridiano	Meridiaani
Mondo	Maailma
Montagna	Vuori
Nord	Pohjoinen
Oceano	Valtameri
Ovest	Länsi
Paese	Maassa
Regione	Alue
Sud	Etelä

Geologia
Geologia

Acido	Happo
Altopiano	Tasanko
Calcio	Kalsium
Caverna	Luola
Continente	Maanosa
Corallo	Koralli
Cristalli	Crystal
Erosione	Eroosio
Fossile	Fossiili
Geyser	Geysir
Lava	Lava
Minerali	Mineraali
Pietra	Kivi
Quarzo	Kvartsi
Sale	Suola
Stalagmiti	Stalagmiitit
Stalattite	Stalactite
Strato	Kerros
Terremoto	Maanjäristys
Vulcano	Volcano

Geometria
Geometria

Altezza	Korkeus
Angolo	Kulma
Calcolo	Laskeminen
Cerchio	Ympyrä
Curva	Käyrä
Diametro	Halkaisija
Dimensione	Ulottuvuus
Equazione	Yhtälö
Logica	Logiikka
Mediano	Mediaani
Numero	Numero
Orizzontale	Vaaka
Parallelo	Rinnakkainen
Proporzione	Osa
Segmento	Segmentti
Simmetria	Symmetria
Superficie	Pinta
Teoria	Teoria
Triangolo	Kolmio
Verticale	Loddrett

Giardino
Puutarha

Albero	Puu
Amaca	Riippumatto
Cespuglio	Puska
Erba	Ruoho
Erbacce	Ugress
Fiore	Kukka
Frutteto	Hedelmätarha
Garage	Autotalli
Giardino	Puutarha
Pala	Lapio
Panca	Penkki
Portico	Kuisti
Prato	Nurmikko
Rastrello	Rake
Recinto	Aita
Stagno	Lampi
Suolo	Maaperä
Terrazza	Terassi
Trampolino	Trampoliini
Tubo	Letku

Giorni e Mesi
Päivät ja Kuukaudet

Agosto	Elokuu
Anno	Vuosi
Aprile	Huhtikuu
Calendario	Kalenteri
Dicembre	Joulukuu
Domenica	Sunnuntai
Febbraio	Helmikuu
Gennaio	Tammikuu
Giugno	Kesäkuu
Luglio	Heinäkuu
Lunedì	Maanantai
Martedì	Tiistai
Mercoledì	Keskiviikko
Mese	Kuukausi
Novembre	Marraskuu
Ottobre	Lokakuu
Sabato	Lauantai
Settembre	Syyskuu
Settimana	Viikko
Venerdì	Perjantai

Governo
Hallitus

Capo	Johtaja
Cittadinanza	Kansalaisuus
Civile	Siviili-
Costituzione	Konstitusjon
Democrazia	Demokratia
Discorso	Puhe
Discussione	Keskustelu
Giudiziario	Rettslig
Giustizia	Oikeus
Legge	Laki
Libertà	Vapaus
Monumento	Monumentti
Nazionale	Kansallinen
Nazione	Kansakunta
Politica	Politiikka
Quartiere	Piiri
Simbolo	Symboli
Stato	Valtio
Uguaglianza	Tasa-Arvo

Guida
Ajo

Auto	Auto
Autobus	Bussi
Carburante	Polttoaine
Freni	Jarrut
Garage	Autotalli
Gas	Kaasu
Incidente	Onnettomuus
Licenza	Lisenssi
Mappa	Kartta
Moto	Moottoripyörä
Motore	Moottori
Pedonale	Jalankulkija
Pericolo	Vaara
Polizia	Poliisi
Sicurezza	Turvallisuus
Strada	Tie
Traffico	Liikenne
Trasporto	Kuljetus
Tunnel	Tunneli
Velocità	Nopeus

I Media
Media

Atteggiamenti	Asenteet
Commerciale	Kaupallinen
Comunicazione	Viestintä
Digitale	Digitaalinen
Edizione	Painos
Educazione	Koulutus
Fatti	Fakta
Finanziamento	Rahoitus
Foto	Kuvat
Giornali	Sanomalehti
Individuale	Yksilö
Industria	Industri
Intellettuale	Älyllinen
Locale	Paikallinen
Online	Verkossa
Opinione	Lausunto
Pubblico	Julkinen
Radio	Radio
Rete	Verkko
Televisione	Televisio

Imbarcazioni
Veneitä

Albero	Masto
Ancora	Ankkuri
Barca a Vela	Purjevene
Boa	Poiju
Canoa	Kanootti
Corda	Köysi
Dock	Telakka
Equipaggio	Miehistö
Fiume	Joki
Kayak	Kajakk
Lago	Järvi
Mare	Meri
Marea	Vuorovesi
Marinaio	Merimies
Motore	Moottori
Oceano	Valtameri
Onde	Aalto
Traghetto	Lautta
Yacht	Jahti

Immigrazione
Maahanmuuttovirasto

Adulti	Aikuiset
Alloggio	Asuminen
Amministrazione	Hallinto
Approvazione	Hyväksyntä
Bambini	Lapset
Comunicazione	Viestintä
Documenti	Asiakirja
Finanziamento	Rahoitus
Frontiere	Raja
Legge	Laki
Lingua	Kieli
Processo	Prosessi
Protezione	Suojelu
Scadenza	Takaraja
Situazione	Tilanne
Soluzione	Ratkaisu
Stress	Stressi
Trattativa	Neuvottelu
Ufficiale	Upseeri

Ingegneria
Suunnittelu

Angolo	Kulma
Asse	Akseli
Calcolo	Laskeminen
Costruzione	Rakentaminen
Diagramma	Kaavio
Diametro	Halkaisija
Diesel	Diesel
Distribuzione	Jakelu
Energia	Energia
Forza	Vahvuus
Ingranaggi	Vaihde
Liquido	Neste
Macchina	Kone
Misurazione	Mittaus
Motore	Moottori
Profondità	Syvyys
Propulsione	Propulsio
Rotazione	Kierto
Stabilità	Vakaus
Struttura	Rakenne

Insetti
Hyönteiset

Afide	Kirva
Ape	Mehiläinen
Calabrone	Hornet
Cavalletta	Heinäsirkka
Cicala	Cicada
Coccinella	Leppäkerttu
Falena	Koi
Farfalla	Perhonen
Formica	Muurahainen
Larva	Toukka
Libellula	Sudenkorento
Locusta	Gresshoppe
Mantide	Sirkka
Pulce	Kirppu
Scarafaggio	Torakka
Termite	Termiitti
Verme	Mato
Vespa	Ampiainen
Zanzara	Hyttynen

Jazz
Jazz

Album	Albumi
Artista	Taiteilija
Batteria	Rummut
Canzone	Laulu
Compositore	Säveltäjä
Composizione	Koostumus
Concerto	Konsertti
Enfasi	Painotus
Famoso	Kuuluisa
Genere	Laji
Improvvisazione	Improvisaatio
Musica	Musiikki
Nuovo	Uusi
Orchestra	Orkesteri
Preferiti	Suosikit
Ritmo	Rytmi
Stile	Tyyli
Talento	Kyky
Tecnica	Tekniikka
Vecchio	Vanha

Letteratura
Kirjallisuus

Analisi	Analyysi
Analogia	Analogia
Aneddoto	Anekdootti
Autore	Tekijä
Biografia	Elämäkerta
Conclusione	Päätelmä
Confronto	Vertailu
Descrizione	Kuvaus
Dialogo	Dialog
Genere	Laji
Metafora	Metafora
Opinione	Lausunto
Poesia	Runo
Poetico	Runollinen
Rima	Loppusointu
Ritmo	Rytmi
Romanzo	Romaani
Stile	Tyyli
Tema	Teema
Tragedia	Tragedia

Libri
Kirjat

Autore	Tekijä
Avventura	Seikkailu
Carattere	Merkki
Collezione	Kokoelma
Contesto	Konteksti
Dualità	Kaksinaisuus
Epico	Eeppinen
Immersione	Upotus
Inventivo	Kekseliäs
Lettore	Lukija
Narratore	Kertoja
Pagina	Sivu
Poesia	Runous
Rilevante	Relevaantia
Romanzo	Romaani
Scritto	Skriftlig
Serie	Sarja
Storia	Tarina
Tragico	Traaginen
Umoristico	Humoristinen

Malattia
Sairaus

Acuto	Akuutti
Addominale	Vatsa
Allergie	Allergia
Batterico	Bakteeri
Benessere	Hyvinvointi
Contagioso	Tarttuva
Corpo	Keho
Cronico	Krooninen
Cuore	Sydän
Debole	Heikko
Ereditario	Perinnöllinen
Immunità	Immuniteetti
Infiammazione	Tulehdus
Lombare	Lumbale
Neuropatia	Neuropatia
Polmonare	Keuhko
Respiratorio	Hengitys
Salute	Terveys
Sindrome	Syndrooma
Terapia	Terapia

Mammiferi
Merinisäkkäiden

Balena	Valas
Cane	Koira
Canguro	Kenguru
Cavallo	Hevonen
Cervo	Peura
Coniglio	Kani
Coyote	Kojootti
Delfino	Delfiini
Elefante	Norsu
Gatto	Kissa
Giraffa	Kirahvi
Gorilla	Gorilla
Leone	Leijona
Lupo	Susi
Orso	Karhu
Pecora	Lammas
Scimmia	Apina
Toro	Härkä
Volpe	Kettu
Zebra	Seepra

Matematica
Matematiikka

Angoli	Kulmat
Aritmetica	Aritmeettinen
Circonferenza	Ympärysmitta
Decimale	Desimaali
Diametro	Halkaisija
Divisione	Jako
Equazione	Yhtälö
Esponente	Eksponentti
Frazione	Jae
Geometria	Geometria
Parallelo	Rinnakkainen
Parallelogramma	Suunnikas
Perimetro	Kehä
Poligono	Monikulmio
Quadrato	Neliö
Rettangolo	Suorakulmio
Simmetria	Symmetria
Somma	Summa
Triangolo	Kolmio
Volume	Tilavuus

Meditazione
Meditaatio

Accettazione	Hyväksyminen
Attenzione	Huomio
Calma	Rauhallinen
Chiarezza	Selkeys
Compassione	Myötätunto
Emozioni	Tunne
Gentilezza	Ystävällisyys
Gratitudine	Kiitollisuus
Mentale	Henkistä
Mente	Mieli
Movimento	Liike
Musica	Musiikki
Natura	Luonto
Osservazione	Havainto
Pace	Rauha
Pensieri	Ajatuksia
Postura	Ryhti
Prospettiva	Näkökulma
Respirazione	Hengitys
Silenzio	Hiljaisuus

Meteo
Sää

Arcobaleno	Sateenkaari
Asciutto	Kuiva
Atmosfera	Ilmainen
Calma	Rauhallinen
Cielo	Taivas
Clima	Ilmasto
Fulmine	Salama
Ghiaccio	Jään
Monsone	Monsuuni
Nebbia	Sumu
Nube	Pilvi
Polare	Polar
Siccità	Kuivuus
Temperatura	Lämpötila
Tempesta	Myrsky
Tornado	Tornado
Tropicale	Trooppinen
Tuono	Ukkonen
Uragano	Hurrikaani
Vento	Tuuli

Misurazioni
Mittaus

Altezza	Korkeus
Byte	Tavu
Centimetro	Senttimetri
Chilogrammo	Kilogramma
Chilometro	Kilometri
Decimale	Desimaali
Grado	Aste
Grammo	Gramma
Larghezza	Leveys
Litro	Litra
Lunghezza	Pituus
Massa	Massa
Metro	Mittari
Minuto	Minuutti
Oncia	Unssi
Peso	Paino
Pollice	Tuuma
Profondità	Syvyys
Tonnellata	Tonni
Volume	Tilavuus

Mitologia
Mytologia

Archetipo	Arketype
Creatura	Olento
Creazione	Luominen
Credenze	Uskomukset
Cultura	Kulttuuri
Disastro	Katastrofi
Divinità	Jumalat
Eroe	Sankari
Forza	Vahvuus
Fulmine	Salama
Gelosia	Kateus
Guerriero	Soturi
Labirinto	Labyrintti
Leggenda	Legenda
Magico	Maaginen
Mortale	Kuolevainen
Mostro	Hirviö
Paradiso	Taivas
Tuono	Ukkonen
Vendetta	Kosto

Moda
Muoti

Abbigliamento	Vaate
Boutique	Boutique
Caro	Kallis
Confortevole	Mukava
Elegante	Tyylikäs
Misure	Mitat
Modello	Kuvio
Moderno	Moderni
Modesto	Vaatimaton
Originale	Alkuperäinen
Pizzo	Pitsi
Pratico	Praktisk
Pulsanti	Painikkeet
Ricamo	Broderi
Sofisticato	Hienostunut
Stile	Tyyli
Tendenza	Suuntaus
Tessuto	Kangas
Trama	Rakenne

Musica
Musiikki

Album	Albumi
Armonia	Harmonia
Armonico	Harmoninen
Ballata	Balladi
Cantante	Laulaja
Cantare	Laulaa
Classico	Klassinen
Coro	Kertosäe
Lirico	Lyyrinen
Melodia	Melodia
Microfono	Mikrofoni
Musicale	Musiikki
Musicista	Muusikko
Opera	Ooppera
Poetico	Runollinen
Registrazione	Äänite
Ritmico	Rytminen
Ritmo	Rytmi
Strumento	Väline
Vocale	Laulu

Natura
Luonto

Animali	Eläimet
Api	Mehiläinen
Artico	Arktinen
Bellezza	Kauneus
Deserto	Aavikko
Dinamico	Dynaaminen
Erosione	Eroosio
Fiume	Joki
Fogliame	Lehtien
Foresta	Metsä
Ghiacciaio	Jäätikkö
Montagne	Vuoret
Nebbia	Sumu
Nuvole	Pilvi
Rifugio	Suoja
Santuario	Pyhäkkö
Selvaggio	Villi
Sereno	Rauhallinen
Tropicale	Trooppinen
Vitale	Tärkeä

Numeri
Numerot

Cinque	Viisi
Decimale	Desimaali
Dieci	Kymmenen
Dodici	Kaksitoista
Due	Kaksi
Matematica	Matematiikka
Nove	Yhdeksän
Otto	Kahdeksan
Quattordici	Neljätoista
Quattro	Neljä
Quindici	Viisitoista
Sedici	Kuusitoista
Sei	Kuusi
Sette	Seitsemän
Tre	Kolme
Tredici	Kolmetoista
Uno	Yksi
Venti	Kaksikymmentä
Zero	Nolla

Nutrizione
Ravitsemus

Amaro	Katkera
Appetito	Ruokahalu
Bilanciato	Tasapainoinen
Calorie	Kalori
Carboidrati	Karbohydrater
Commestibile	Syötävä
Dieta	Ruokavalio
Digestione	Ruoansulatus
Fermentazione	Käyminen
Liquidi	Nesteet
Nutriente	Næringsstoff
Peso	Paino
Proteine	Proteiini
Qualità	Laatu
Salsa	Kastike
Salute	Terveys
Sano	Terve
Spezie	Mausteet
Tossina	Myrkky
Vitamina	Vitamiini

Oceano
Valtameri

Anguilla	Ankerias
Balena	Valas
Barca	Vene
Corallo	Koralli
Delfino	Delfiini
Gamberetto	Katkaravut
Granchio	Rapu
Maree	Tidevann
Medusa	Manet
Onde	Aalto
Ostrica	Osteri
Pesce	Kala
Polpo	Mustekala
Sale	Suola
Scogliera	Riutta
Spugna	Sieni
Squalo	Hai
Tartaruga	Kilpikonna
Tempesta	Myrsky
Tonno	Tunfisk

Paesaggi
Maisemat

Cascata	Vesiputous
Collina	Mäki
Deserto	Aavikko
Fiume	Joki
Geyser	Geysir
Ghiacciaio	Jäätikkö
Grotta	Luola
Iceberg	Jäävuori
Isola	Saari
Lago	Järvi
Mare	Meri
Montagna	Vuori
Oasi	Keidas
Oceano	Valtameri
Palude	Suo
Penisola	Niemimaa
Spiaggia	Ranta
Tundra	Tundra
Valle	Laakso
Vulcano	Volcano

Paesi #1
Maat #1

Brasile	Brasilia
Cambogia	Kambodža
Canada	Kanada
Egitto	Egypti
Finlandia	Suomi
Germania	Saksa
India	Intia
Iraq	Irak
Israele	Israel
Libia	Libya
Mali	Mali
Marocco	Marokko
Norvegia	Norja
Panama	Panama
Polonia	Puola
Romania	Romania
Senegal	Senegal
Spagna	Espanja
Venezuela	Venezuela
Vietnam	Vietnam

Paesi #2
Maat #2

Albania	Albania
Danimarca	Tanska
Etiopia	Etiopia
Giamaica	Jamaika
Giappone	Japani
Grecia	Kreikka
Haiti	Haiti
Indonesia	Indonesia
Irlanda	Irlanti
Laos	Laos
Liberia	Liberia
Messico	Meksiko
Nepal	Nepal
Nigeria	Nigeria
Pakistan	Pakistan
Russia	Venäjä
Siria	Syyria
Sudan	Sudan
Ucraina	Ukraina
Uganda	Uganda

Piante
Kasveja

Albero	Puu
Bacca	Marja
Bambù	Bambu
Botanica	Kasvitiede
Cactus	Kaktus
Cespuglio	Puska
Crescere	Kasvaa
Edera	Muratti
Erba	Ruoho
Fagiolo	Papu
Fertilizzante	Lannoite
Fiore	Kukka
Flora	Kasvisto
Fogliame	Lehtien
Foresta	Metsä
Giardino	Puutarha
Muschio	Sammal
Petalo	Terälehti
Radice	Juuri
Vegetazione	Kasvillisuus

Professioni #1
Ammatit nro 1

Allenatore	Valmentaja
Artista	Taiteilija
Avvocato	Asianajaja
Ballerino	Tanssija
Banchiere	Pankkiiri
Cacciatore	Metsästäjä
Cartografo	Kartografi
Editore	Redaktør
Farmacista	Apteekki
Geologo	Geologi
Gioielliere	Kultaseppä
Idraulico	Putkimies
Infermiera	Hoitaja
Marinaio	Merimies
Medico	Lääkäri
Musicista	Muusikko
Pianista	Pianisti
Psicologo	Psykologi
Scienziato	Tiedemies
Veterinario	Eläinlääkäri

Professioni #2
Ammatit #2

Agricoltore	Viljelijä
Astronauta	Astronautti
Biologo	Biologi
Chirurgo	Kirurgi
Dentista	Hammaslääkäri
Detective	Etsivä
Editore	Kustantaja
Filosofo	Filosofi
Fotografo	Valokuvaaja
Giardiniere	Puutarhuri
Giornalista	Toimittaja
Illustratore	Kuvittaja
Ingegnere	Insinööri
Insegnante	Opettaja
Inventore	Keksijä
Medico	Lääkäri
Pilota	Pilotti
Pittore	Taidemaalari
Politico	Poliitikko
Ricercatore	Tutkija

Riscaldamento Globale
Maapallon Lämpeneminen

Ambientale	Ympäristö
Artico	Arktinen
Attenzione	Huomio
Clima	Ilmasto
Crisi	Kriisi
Dati	Tiedot
Energia	Energia
Futuro	Tulevaisuus
Gas	Kaasu
Generazioni	Sukupolvi
Governo	Hallitus
Industria	Industri
Legislazione	Lainsäädäntö
Ora	Nyt
Popolazioni	Väestö
Scienziato	Tiedemies
Significativo	Merkittävä
Sviluppo	Kehitys
Temperature	Lämpötilat

Ristorante #1
Ravintola nro 1

Allergia	Allergia
Caffè	Kahvi
Cameriera	Tarjoilija
Carne	Liha
Cibo	Ruoka
Ciotola	Kulho
Coltello	Veitsi
Cucina	Keittiö
Dessert	Jälkiruoka
Ingredienti	Aine
Mangiare	Syödä
Menù	Valikko
Pane	Leipä
Piatto	Levy
Piccante	Mausteinen
Pollo	Kana
Prenotazione	Varaus
Salsa	Kastike
Tovagliolo	Lautasliina

Ristorante #2
Ravintola nro 2

Acqua	Vesi
Aperitivo	Alkupala
Bevanda	Juoma
Cameriere	Tarjoilija
Cena	Illallinen
Cucchiaio	Lusikka
Delizioso	Herkullinen
Forchetta	Haarukka
Frutta	Hedelmä
Ghiaccio	Jään
Insalata	Salaatti
Minestra	Suppe
Pesce	Kala
Pranzo	Lounas
Sale	Suola
Sedia	Tuoli
Spezie	Mausteet
Torta	Kakku
Uova	Munat
Verdure	Vihannes

Salute e Benessere #1
Terveys ja Hyvinvointi #1

Abitudine	Tottumus
Altezza	Korkeus
Attivo	Aktiivinen
Batteri	Bakteerit
Clinica	Klinikka
Fame	Nälkä
Farmacia	Apteekki
Frattura	Murtuma
Medicina	Lääke
Medico	Lääkäri
Muscoli	Lihakset
Nervi	Hermot
Ossa	Luut
Pelle	Iho
Postura	Ryhti
Riflesso	Refleksi
Rilassamento	Rentoutuminen
Terapia	Terapia
Trattamento	Hoito
Virus	Virus

Salute e Benessere #2
Terveys ja Hyvinvointi #2

Allergia	Allergia
Anatomia	Anatomia
Appetito	Ruokahalu
Caloria	Kalori
Corpo	Keho
Dieta	Ruokavalio
Digestione	Ruoansulatus
Disidratazione	Kuvaus
Energia	Energia
Genetica	Genetiikka
Igiene	Hygienia
Infezione	Infektio
Malattia	Sairaus
Massaggio	Hieronta
Nutrizione	Ravitsemus
Ospedale	Sairaala
Peso	Paino
Sangue	Veri
Sano	Terve
Vitamina	Vitamiini

Scienza
Tiede

Atomo	Atomi
Chimico	Kemiallinen
Clima	Ilmasto
Dati	Tiedot
Esperimento	Koe
Evoluzione	Evoluutio
Fatto	Tosiasia
Fisica	Fysiikka
Fossile	Fossiili
Gravità	Painovoima
Ipotesi	Hypoteesi
Laboratorio	Laboratorio
Metodo	Menetelmä
Minerali	Mineraali
Molecole	Molekyyli
Natura	Luonto
Organismo	Organismi
Osservazione	Havainto
Particelle	Hiukset
Scienziato	Tiedemies

Spezie
Mausteita

Aglio	Valkosipuli
Amaro	Katkera
Anice	Anis
Cannella	Kaneli
Cardamomo	Kardemumma
Cipolla	Sipuli
Coriandolo	Korianteri
Cumino	Kumina
Curcuma	Kurkuma
Curry	Curry
Dolce	Makea
Finocchio	Fenkoli
Gusto	Maku
Liquirizia	Lakritsi
Paprika	Paprika
Pepe	Pippuri
Sale	Suola
Vaniglia	Vanilja
Zafferano	Maustesahrami
Zenzero	Inkivääri

Sport
Urheilu

Allenatore	Valmentaja
Atleta	Urheilija
Capacità	Kyky
Cardiovascolare	Sydän
Ciclismo	Pyöräily
Corpo	Keho
Danza	Tanssit
Dieta	Ruokavalio
Forza	Vahvuus
Jogging	Hölkkä
Massimizzare	Maksimoida
Muscoli	Lihakset
Nutrizione	Ravitsemus
Obiettivo	Tavoite
Ossa	Luut
Programma	Ohjelmoida
Resistenza	Kestävyys
Salute	Terveys
Sportivo	Urheilu
Stretching	Venyttely

Strumenti Musicali
Soittimet

Armonica	Huuliharppu
Arpa	Harppu
Banjo	Banjo
Chitarra	Kitara
Clarinetto	Klarinetti
Fagotto	Fagotti
Flauto	Huilu
Gong	Gong
Mandolino	Mandoliini
Marimba	Marimba
Oboe	Oboe
Pianoforte	Piano
Sassofono	Saksofoni
Tamburello	Tamburiini
Tamburo	Rumpu
Tromba	Trumpetti
Trombone	Pasuuna
Violino	Viulu
Violoncello	Sello

Tecnologia
Teknologia

Blog	Blogi
Browser	Selain
Byte	Tavua
Computer	Tietokone
Cursore	Kursori
Dati	Tiedot
Digitale	Digitaalinen
File	Tiedosto
Font	Fontti
Internet	Internet
Messaggio	Viesti
Ricerca	Tutkimus
Schermo	Näyttö
Sicurezza	Turvallisuus
Software	Ohjelmisto
Statistiche	Tilastot
Telecamera	Kamera
Virtuale	Virtuaalinen
Virus	Virus

Tempo
Aika

Anno	Vuosi
Calendario	Kalenteri
Decennio	Vuosikymmen
Dopo	Jälkeen
Futuro	Tulevaisuus
Giorno	Päivä
Ieri	Eilen
Mattina	Aamu
Mese	Kuukausi
Mezzogiorno	Keskipäivä
Minuto	Minuutti
Momento	Hetki
Notte	Yö
Oggi	Tänään
Ora	Tunnin
Orologio	Kello
Presto	Pian
Prima	Ennen
Secolo	Vuosisata
Settimana	Viikko

Tipi di Capelli
Hiusten Tyypit

Argento	Hopea
Asciutto	Kuiva
Bianco	Valkoinen
Biondo	Vaalea
Breve	Lyhyt
Calvo	Kalju
Colorato	Värillinen
Grigio	Harmaa
Intrecciato	Punottu
Liscio	Sileä
Lungo	Pitkä
Marrone	Ruskea
Morbido	Pehmeä
Nero	Musta
Riccio	Kihara
Riccioli	Kiharat
Sano	Terve
Sottile	Ohut
Spessore	Paksu
Trecce	Punos

Uccelli
Linnut

Anatra	Ankka
Aquila	Kotka
Cicogna	Haikara
Cigno	Joutsen
Cuculo	Käki
Falco	Haukka
Fenicottero	Flamingo
Gabbiano	Lokki
Gufo	Pöllö
Oca	Hanhi
Pappagallo	Papukaija
Passero	Varpunen
Pavone	Riikinkukko
Pellicano	Pelikaani
Piccione	Kyyhkynen
Pinguino	Pingviini
Pollo	Kana
Struzzo	Strutsi
Tucano	Toukaanin
Uovo	Muna

Universo
Maailmankaikkeus

Asteroide	Asteroidi
Astronomia	Tähtitiede
Atmosfera	Ilmainen
Buio	Pimeys
Celeste	Taivaallinen
Cielo	Taivas
Cosmico	Kosminen
Emisfero	Halvkule
Eone	Eon
Equatore	Päiväntasaaja
Galassia	Galaksi
Latitudine	Leveysaste
Longitudine	Pituusaste
Luna	Kuu
Orizzonte	Horisontti
Solare	Aurinko
Solstizio	Päivänseisaus
Telescopio	Kaukoputki
Visibile	Näkyvä
Zodiaco	Zodiakki

Vacanze #2

Loma #2

Aeroporto	Lufthavn
Campeggio	Camping
Destinazione	Kohde
Foto	Kuvat
Hotel	Hotelli
Isola	Saari
Mappa	Kartta
Mare	Meri
Passaporto	Passi
Ristorante	Ravintola
Spiaggia	Ranta
Straniero	Ulkomaalainen
Taxi	Taksi
Tempo Libero	Vapaa
Tenda	Teltta
Trasporto	Kuljetus
Treno	Kouluttaa
Vacanza	Loma
Viaggio	Matka
Visto	Viisumi

Veicoli

Ajoneuvot

Aereo	Lentokone
Ambulanza	Ambulanssi
Auto	Auto
Autobus	Bussi
Barca	Vene
Bicicletta	Polkupyörä
Camion	Kuka
Elicottero	Helikopteri
Furgone	Varebil
Metropolitana	Metro
Motore	Moottori
Navetta	Sukkula
Pneumatici	Renkaat
Razzo	Raketti
Scooter	Scooter
Sottomarino	Sukellusvene
Taxi	Taksi
Traghetto	Lautta
Trattore	Traktori
Treno	Kouluttaa

Verdure

Vihannekset

Aglio	Valkosipuli
Broccolo	Parsakaali
Carciofo	Artisokka
Carota	Porkkana
Cetriolo	Kurkku
Cipolla	Sipuli
Fungo	Sieni
Insalata	Salaatti
Melanzana	Munakoiso
Patata	Peruna
Pisello	Herne
Pomodoro	Tomaatti
Prezzemolo	Persilja
Rapa	Nauris
Ravanello	Retiisi
Scalogno	Salottisipuli
Sedano	Selleri
Spinaci	Pinaatti
Zenzero	Inkivääri
Zucca	Kurpitsa

Vestiti

Vaatteensa

Abito	Mekko
Braccialetto	Armbånd
Calzini	Sukat
Camicetta	Pusero
Camicia	Paita
Cappello	Hattu
Cintura	Vyö
Collana	Kaulakoru
Giacca	Takki
Gonna	Hame
Grembiule	Esiliina
Guanti	Käsineet
Jeans	Farkut
Maglione	Villapaita
Moda	Muoti
Pantaloni	Housut
Pigiama	Pyjama
Sandali	Sandaalit
Scarpa	Kenkä
Sciarpa	Huivi

Congratulazioni

Ce l'hai fatta!

Speriamo che questo libro vi sia piaciuto tanto quanto a noi è piaciuto concepirlo. Ci sforziamo di creare libri della più alta qualità possibile.
Questa edizione è progettata per fornire un apprendimento intelligente, di qualità e divertente!

Le è piaciuto questo libro?

Una Semplice Richiesta

Questi libri esistono grazie alle recensioni che pubblicate.

Puoi aiutarci lasciando una recensione
ora a questo link ?

BestBooksActivity.com/Recensioni50

SFIDA FINALE!

Sfida n°1

Sei pronto per il tuo gioco gratuito? Li usiamo sempre, ma non sono così facili da trovare - ecco i Sinonimi!
Scrivi 5 parole che hai trovato nei puzzle (n° 21, n° 36, n° 76) e prova a trovare 2 sinonimi per ogni parola.

Scrivi 5 parole del ***Puzzle 21***

Parole	Sinonimo 1	Sinonimo 2

Scrivi 5 parole del ***Puzzle 36***

Parole	Sinonimo 1	Sinonimo 2

Scrivi 5 parole del ***Puzzle 76***

Parole	Sinonimo 1	Sinonimo 2

Sfida n°2

Ora che ti sei riscaldato, scrivi 5 parole che hai trovato nei puzzle n° 9, n° 17 e n° 25 e cerca di trovare 2 contrari per ogni parola. Quanti ne puoi trovare in 20 minuti?

Scrivi 5 parole del ***Puzzle 9***

Parole	Antonimo 1	Antonimo 2

Scrivi 5 parole del ***Puzzle 17***

Parole	Antonimo 1	Antonimo 2

Scrivi 5 parole del ***Puzzle 25***

Parole	Antonimo 1	Antonimo 2

Sfida n°3

Grande! Questa sfida  non è niente per te!

Pronto per la sfida finale? Scegli 10 parole che hai scoperto nei diversi puzzle e scrivile qui sotto.

1.	6.
2.	7.
3.	8.
4.	9.
5.	10.

Ora scrivi un testo pensando a una persona, un animale o un luogo che ti piace.

Puoi usare l'ultima pagina di questo libro come bozza.

La tua composizione:

TACCUINO:

A PRESTO!

Tutta la Squadra

www.ingramcontent.com/pod-product-compliance
Lightning Source LLC
Chambersburg PA
CBHW082045120626
46553CB00011B/3289